IT WORKED FOR ME
IN LIFE AND LEADERSHIP

我赢定了

鲍威尔生活和领导的艺术

Colin Powell With Tony Koltz

【美】科林·鲍威尔◎著　张强◎译

CNS
PUBLISHING & MEDIA
中南出版传媒

湖南文艺出版社
HUNAN LITERATURE AND ART PUBLISHING HOUSE

博集天卷
CS-BOOKY

图书在版编目（CIP）数据

我赢定了：鲍威尔生活和领导的艺术 /（美）鲍威尔（Powell，C.）著；
张强译 . — 长沙：湖南文艺出版社，2013.2
书名原文：It worked for me: in life and leadership
ISBN 978-7-5404-5911-6

Ⅰ. ①我… Ⅱ. ①鲍…②张… Ⅲ. ①鲍威尔，
C.L. – 领导艺术 Ⅳ. ①K837.127=6②C933.2

中国版本图书馆 CIP 数据核字（2012）第 303805 号

著作权合同登记号：图字：18-2012-596

上架建议：社科·管理

我赢定了：鲍威尔生活和领导的艺术

作　　者：［美］科林·鲍威尔（Colin Powell）
译　　者：张　强
出 版 人：刘清华
责任编辑：丁丽丹　刘诗哲
监　　制：张应娜
特约策划：郭亚维
版权支持：文赛峰
营销编辑：刘碧思
封面设计：张丽娜
版式设计：李　洁
封面图片来源：olivier douliery / 东方 IC
出版发行：湖南文艺出版社
　　　　　（长沙市雨花区东二环一段 508 号　邮编：410014）
网　　址：www.hnwy.net
印　　刷：北京天宇万达印刷有限公司
经　　销：新华书店
开　　本：787mm × 1092mm　　1/16
字　　数：210 千字
印　　张：16
版　　次：2013 年 2 月第 1 版
印　　次：2013 年 2 月第 1 次印刷
标准书号：ISBN 978-7-5404-5911-6
定　　价：34.80 元
（若有质量问题，请致电质量监督电话：010-84409925）

献给

我的孙子杰弗里、布莱恩，外孙艾比、PJ

中文简体版序

很高兴看到我的新书与中国读者见面。

尽管我是一名美国军人、外交官，但这本书与战争和政治无关，只是谈论生活和领导的艺术。我写这本书也是想与世界各国各个年龄段的读者分享我的这些经验。书中讲述了很多故事，这些故事讲的是我应对一生中所经历的各种机遇与挑战的经验，不管是事业有成的中年人，还是朝气焕发的青年人，都可以读一读。这些故事尽管大多数源于我的军旅和外交生涯，但其中给人的经验和启发是通用的。但愿我的感悟能起到抛砖引玉的作用，使大家也能回顾和反思我们该怎么面对人生中的机遇与挑战。这不是一本让人照本宣科的行动指南，我们每个人都得走自己的路。这里记载的是我的秘诀，我的路。

1973年，在尼克松总统历史性访华一年之后，我作为一名年轻的武官第一次访问中国。当时我是"白宫顾问团"的成员之一，这个团的主要任务是让美国领导人了解联邦政府最高决策层的运作方式，并对各项公共政策的制定与实施有更清晰的认识。由于这个团的工作性质，我们得以有机会访问他国。那年我35岁，是一名陆军中校，在冷战的高峰时期我难得地有了这一次访问美国两个主要冷战对手——苏联和中国的机会。

我也是1949年新中国成立后首批到访的美军军官之一。我到了长城，参观了人民大会堂，还去了其他很多美丽的地方。我站在黑龙江南岸北望苏联，而就在几个月前我曾在西伯利亚越过阿穆尔河①南望中国。我们观看了为我们精心准备的并给我们留下深刻印象的军事演习。我们还访问了工厂、医院和商

---

① 阿穆尔河：今为欧洲人对黑龙江的称呼，语出蒙古语，阿穆尔为平安之意。

店。我至今还清晰地记得北京宽阔的街道、火炉烧出来的悠悠炊烟以及人们清一色的着装。当时中国人民解放军的军装上还没有军衔，这让我很头疼：你怎么搞得懂他们是什么军衔什么职务呢？慢慢地我从他们衣服料子的质地、军装上兜别着的钢笔的大致价钱以及他们戴的手表，琢磨出了其中官阶的区别，这样即使没有军衔我也看得出谁是主事儿的了。

但让我印象最深刻、记忆最清晰的还是中国的老百姓。刚刚摆脱"文化大革命"的中国人当时对生活要求并不高，每个家庭讲究的是缝纫机、自行车和收音机"三大件"。从他们的脸上我可以看到他们对新生活的渴望，也可以看出他们勤劳的品质，而很快他们就凭此创造了一个经济奇迹。

1973年之后我又数次访华。看到这个国家迅速崛起为世界经济强国，让数以千万计的人脱贫致富、迈入中产者行列，我心生敬佩。如今我看到中国人有了更高的追求。北京的大街上车流如织，人们穿着各种款式的服装表达着个性；他们生活多姿多彩、欣欣向荣；千百万人积极进取，等待着机遇，追求着更高的生活目标。

中美两国的关系从对立到成为重要的贸易伙伴已经走过了40多个年头。能够为创建两国友好关系做出一点儿贡献，我感到自豪。虽然两国政治体制不同，在有些问题上看法不同，但有一点我们是相同的，那就是两国人民都渴望更美好的生活，都渴望我们的子孙后代能生活得更好。

在这本书中我最想表达的信念就是：生活和领导的艺术就在于全心全意为人民服务。

科林·鲍威尔

我喜欢故事。我在我的整个职业生涯中经历了很多重要时刻，也积累了不少故事。书中讲到的这些故事大多数是我在军人生涯中的事，因为我自17岁从军成为一名军校士官生后，一直到56岁作为美军四星上将退下来，在部队干了将近40年。另外一些是我在美国国务卿和国家安全顾问任上的，还有一些则是我在生活中遇到的。在这本书中，我精选了一些伴我多年的故事和经历与大家分享，这些故事和经历曾在我的生活和领导生涯中给了我诸多重要的启示。我现在将它们讲给大家，各位可视各自的情况参考鉴阅。

第一部分介绍了我的"13条守则"，20年前这13条守则发表在杂志《美国大观》上之后就流传开了；第二部分集中讲述了解自己、做好自己的重要性；第三部分着重讲我们要了解和关爱他人，特别是自己的下属；第四部分分享了我对使世界日新月异的数字时代的领导感悟；第五部分讲述了怎样才能成为一名杰出的管理者或领导者；第六部分是回顾，主要描述了我生活中严肃的和轻松的方方面面；后记部分总结全书：这里记载的所有爱怨与荣耀属于人民。

读完这本书大家就会知道，本书没有盖棺论定，不是强行推销，只有我对生活的观察。全书各章独立成篇，可以通览，也可以跳着读。每个人都会有自己的故事和经验，这里记载的是我的人生和经验，它们就是我成功的秘诀。

科林·鲍威尔

目录
Contents

第一章 **我的"13条守则"**
/ 001 /

1. 事情没你想象的那样糟糕，早上起来一切都会
   变好 / 003

2. 发一通脾气，过去就算了 / 005

3. 不要将荣辱系于一时得失，否则小小的失意
   也会让你感觉颜面扫地 / 008

4. 有志者事竟成 / 010

5. 小心决断，以免自食其果 / 010

6. 不要让不利因素妨碍你做出明智的决断 / 010

7. 不要替他人做决定，也不要让他人替你做
   决定 / 014

8. 关注细节 / 016

9. 与下属荣誉共享 / 019

10. 头脑冷静，待人宽厚 / 020

11. 明确目标，严格要求 / 022

12. 不要受制于恐惧和反对者 / 024

13. 永远乐观就是一项战斗力 / 026

第二章 了解你自己，做你自己
/ 031 /

1. 尽力尽责，因为有人看在眼里 / 032

2. 扫大街的人 / 037

3. 一心忙事业的浑球儿 / 038

4. 友善无敌 / 043

5. 做领导的就是来解决麻烦的 / 046

6. 开战时领导者应该在哪里 / 049

7. 从地基到塔尖——提拔下属的原则 / 054

8. 提拔人才不只看表现，还要看潜能 / 058

第三章 带队伍的艺术
/ 065 /

1. 用人不疑 / 066

2. 相互尊重 / 069

3. 言传身教 / 075

4. 不要放过任何一个错误 / 080

5. 比起坐办公室的，我更看重一线工作人员的意见 / 081

6. 一定要有些有个性的下属 / 082

第四章 / 091 / **快节奏信息时代的领导力**

1. 及时更新大脑软件 / 092
2. 务必告诉我你知道的一切 / 099
3. 务必及早告知我 / 105
4. 务必警惕首批报告 / 107
5. 需要认真面对的五类观众 / 111

第五章 / 119 / **为达目标，要有150%的投入**

1. 新人须知 / 120
2. 一支队伍，一个目标 / 130
3. 全力争胜 / 132
4. 让下属愉悦地执行你的指令 / 136
5. 是解决问题，还是在制造新的问题？ / 137
6. 30天后，你来担纲 / 139
7. 卓有成效的"后查机制" / 141
8. 松鼠逸闻——与里根总统共事学到的 / 147
9. 如何召开各种会议 / 153

10. 必须有可以替代的人 / 157

11. 到站了，就下车 / 160

12. 该放手时就放手 / 163

第六章
/ 169 /
战争与外交中的领导艺术

1. "鲍威尔兵法" / 170

2. "陶瓷仓法则" / 176

3. 2003年2月5日，我在联合国的演讲 / 182

4. 解决佩岛之争 / 190

5. 比萨和牛奶 / 194

6. 戴安娜王妃的堂兄 / 199

7. 我的演讲生涯 / 204

8. 在路上 / 211

9. 人家给我送的礼 / 215

10. 巅峰和谷底 / 220

11. 热狗外交 / 224

12. 出发献礼 / 227

后记 / 235

致谢 / 238

中文版附　鲍威尔升迁路线图 / 241

我赢定了：鲍威尔生活和领导的艺术

It Worked for Me:
In Life and Leadership

1. 事情没你想象的那样糟糕，早上起来一切都会变好

2. 发一通脾气，过去就算了

3. 不要将荣辱系于一时得失，否则小小的失意也会让你感觉颜面扫地

4. 有志者事竟成

5. 小心决断，以免自食其果

6. 不要让不利因素妨碍你做出明智的决断

7. 不要替他人做决定，也不要让他人替你做决定

8. 关注细节

9. 与下属荣誉共享

10. 头脑冷静，待人宽厚

11. 明确目标，严格要求

12. 不要受制于恐惧和反对者

13. 永远乐观就是一项战斗力

第一章
我的"13条守则"

　　1989年1月20日，乔治·赫伯特·W.布什总统接替罗纳德·里根总统，宣誓入主白宫。与此同时，我卸去了国家安全顾问一职，接力棒交到了我多年的同事和良师益友布伦特·斯考克罗夫特手上。

　　离开白宫之后，我回到了部队。4月份我晋升为四星上将①，任总部设在佐治亚州亚特兰大市郊麦克弗森堡的美国陆军司令部司令。我指挥过美国陆军所有的机动部队，包括陆军预备役部队，指导过国民警卫队；我还是第1个获得美军四星上将头衔的黑人军官。

　　我到陆军司令部就职后不久，《美国大观》杂志要求采访我。《美国大观》是一份历史悠久的星期天增刊，拥有超过5千万的读者；当时杂志想给新到任的陆军司令做一期封面人物故事，供读者周末闲来无事喝咖啡时阅读消遣。故事很快就写完并刊印了出来，但直到数周之后的8月13日才发行，《美国大观》杂志也没想到，就在此3天之前，布什总统刚好宣布任命我为下任参谋长联席会议主席②。杂志发行的时间适逢其时，我都无法向

----

① 四星上将：现在美国军队的最高军衔，肩章上镶有四颗星徽。之前最高军衔为五星上将，由于美国国会规定，美军的五星上将军衔只在大规模军事行动以及战争时授予，所以自1981年最后一名五星上将去世以后，美国军队中最高军衔为四星上将。

② 参谋长联席会议主席：法定的美军最高级别军官和美国总统最重要的军事顾问。负责参谋长联席会议的召集和协调。其地位虽高于美国各军种的首长，但没有越俎代庖的权力，所有的军队指挥官要直接听从国防部的命令。其办公室在国防部办公楼五角大楼。

人解释这纯属巧合。

这期封面人物故事的作者，传媒高手大卫·华勒钦斯基在故事的最后还想加点儿噱头吸引读者。我的一名秘书——士官卡米·布朗让大卫找我索要压在我办公桌玻璃下的二三十张小纸片，那上面写的都是我多年来收集或整理出来的格言警句。大卫打来电话，问我能否读几条给他听。我读给他听的13条结果出现在了故事的边框里。

大大出乎我意料的是，这13条在《美国大观》上一经发表就火了。在过去的23年里，我的助手收集了几百种翻版"13条"，互联网上还有人把这13条做成了PPT（演示文稿）和动漫。

以下就是我的13条个人守则和我信奉这13条的原因所在。

1. 事情没你想象的那样糟糕，早上起来一切都会变好

其实，也许会变好，也许不会。这一条反映的是一种态度，而不是一种预言。无论处境多么艰难，我会始终保持乐观、自信的态度。好好睡一觉，8小时之后不利因素会消解很多。晚上你带着一种胜利感离开办公室，影响的远不止你一个人，这种情绪还会感染你的同事，会坚定他们的信念，相信我们可以解决一切困难。

在军校学习的时候，他们不断向我们灌输"一名军官可以战胜一切"的理念："没有不能战胜的挑战，没有不能征服的困难"；再不就是想想丘吉尔对全世界的宣言，"英国永远永远不会屈服"；或者，说得直白一点儿，"决不能让那些浑蛋骑到脖子上"。

"事情会变得好起来，你们会让一切变得好起来。"我们说过要坚信这一点，我也会始终坚信这一点，即使实际情况经常违背意愿。

他们还以不同的方式向我们灌输这一理念："中尉，你也许饥肠辘

辖，但你不能流露出饥饿感，你永远得最后一个进餐；你也许快要冻僵了，又或许热得要死，但你不能让人看出你的冷热；你也许深感恐惧，但你绝不能流露怯意。你是领导，你的情绪会影响所有士兵。"你必须让他们相信，无论情况多么糟糕，你都可以扭转乾坤。

我爱看老电影，从中可以找到很多事例让我更坚定这一人生信念。

经典影片《江湖浪子》一开幕的情节始终是我的最爱。在纽约的一家台球馆里，台球传奇小子艾迪·菲尔森（保罗·纽曼出演）挑战久负盛名的高手明尼苏达胖子（杰基·格黎森出演）。在场的还有冷酷的职业台球经纪人伯特·戈登（乔治·C. 斯科特出演）和一群观众。

比赛开始了。显然快手艾迪·菲尔森打得非常好，简直是太棒了。他对明尼苏达胖子步步紧逼，双方你来我往，战至深夜。胖子开始淌汗，更多的人上来围观。快手艾迪和他的经纪人看到了胜利的希望，一切似乎预示着长江后浪推前浪，前浪就要死在沙滩上。胖了几乎想要放弃了，他望着伯特，希望能有办法摆脱困境。伯特只说了一句话："继续跟这小子斗下去，他输定了。"伯特赌性十足，他发现了快手艾迪的毛病，那就是艾迪过于自负，他们可以利用这一点。胖子似乎仍在节节败退，其间他找了个借口，抽身进了盥洗室。他洗洗手和脸，让自己放松一下，又回到台球室，看上去像要准备离开的样子。他招呼侍应生过去，快手艾迪面露微笑，以为胖子要穿衣服走人，但胖子只是伸手向侍应生要滑石粉，然后诡异地一笑，说："快手艾迪，让我们再玩儿儿把。"接下来的事你们都知道了，胖子挫败了艾迪。

每次不管我面对的是棘手的会议、不愉快的会面、充满敌意的媒体，还是不近人情的国会听证会，我都会在开始前抽身去趟盥洗室，洗洗手和脸，轻声对着镜中的自己说："快手艾迪，就让我们再玩儿几把吧。"其实在碰到棘手的问题时，我可能沮丧过，但从未认过输。因为我坚信一名军官无所不能。

讲到这儿让我剧透一下吧：保罗·纽曼可是个巨星哦。电影里最后艾迪和胖子又比了一场，最终艾迪赢了胖子。不过我不看这一节。

2. 发一通脾气，过去就算了

脾气人人都有，这很正常，脾气来了，发泄发泄也有利健康。你会对孩子、配偶、密友以及对手发脾气。但我的经验是，一味发脾气于事无补。我是在与我的同行、法国外长多米尼克·德维尔潘[1]打交道的过程中得到这个经验的。多米尼克把我和大多数美国人气坏了。

多米尼克毕业于久负盛名的法国国家科学院，是位职业外交官，也是著名的历史学家和出色的诗人，他与当时的法国总统雅克·希拉克[2]过从甚密。顶着一头锃亮的银发，西装革履的多米尼克外形着实俊朗。

2003年年初，第二次海湾战争前夕，联合国安理会为是否应该对伊宣战争吵不休。安理会的15个成员国每个月轮流担任主席，法国人是1月份的当值主席，由多米尼克出任。法国强烈反对对伊出兵，是反对方的领袖，德国、俄罗斯和其他许多国家跟在法国后面附和，这样使当时支持出兵的国家看起来还没有反对的国家多。

---

[1] 多米尼克·德维尔潘（1953—）：2002—2004年间任法国外交部长，2004—2005年间任法国内政部长，2005—2007年间任法国总理。2009年10月，法国巴黎检方就涉及多名政治人物的"清泉"案向法院提出量刑建议，要求以"诽谤同谋"罪判处前总理德维尔潘18个月监禁，缓期执行，并对其处以4.5万欧元罚款。2011年9月，巴黎上诉法院宣布，涉嫌在"清泉"案中"共谋诬陷他人"罪的德维尔潘被判无罪。2010年6月，德维尔潘宣布另立门户正式成立新政党，并积极备战2012年总统选举，未果。

[2] 雅克·希拉克（1932—）：法国前任总统，出生于法国巴黎，曾于1977—1995年3次连任巴黎市长，并于1995年5月当选法国的第5任总统，又在2002年5月获得连任，至2007年5月16日。2011年12月15日，希拉克因挪用公款、滥用职权等罪名被司法机关判处2年有期徒刑，缓期执行。

　　安理会主席在当值期间一般会提出一个讨论的话题；多米尼克让安理会15个成员国讨论的话题是恐怖主义。

　　我心里十分担心，会议不会跑题吧？华盛顿的大多数同僚也认为法国人会在讨论过程中将话题转移到伊拉克问题上——那就糟了，我们可不想在联合国的会议桌上讨论伊拉克问题。但法国人向我保证只集中探讨恐怖主义问题，不会涉及伊拉克，我信了。

　　会议期间一切正常……但到了会后，多米尼克在新闻发布会上面对众多媒体记者发表讲话时说，他们反对美国对伊立场，声明法国反对一切武力干涉行为。当晚的电视报道和次日的新闻让我尴尬不已。新闻媒体热衷于报道此事，让我在华盛顿和联合国的日子非常难熬。我很恼火，面色铁青地向多米尼克表明了态度。与此同时，美国国内反应强烈、恼怒异常，新闻媒体要求抵制法国红酒，拒绝法国美食。简而言之，多米尼克把我的事情搞砸了。

　　多米尼克倒不是什么坏人，他只不过代表了法国政府的立场，说到底他是法国外长，在那些反对美国的人眼里他得摆出一副英雄的姿态。有好几个月，多米尼克在伊拉克问题上都和我唱反调，但我清楚我不能把他当成敌人。

　　尽管遭到了来自联合国和其他方面的反对，乔治·赫伯特·W. 布什总统还是决定对伊拉克采取军事行动，最终让萨达姆·侯赛因下台。

　　在萨达姆倒台之后，我们需要联合国帮助在伊拉克恢复秩序和组织重建，法国支持我们通过了6项联合国决议。

　　2004年2月，海地危机爆发，我们主张让-贝特朗·阿里斯蒂德①总统解

---

① 让-贝特朗·阿里斯蒂德（1953—）：1979年毕业于海地国家大学，1985年开始从事政治活动，1990年当选为海地总统，执政8个月后，被军事政变推翻，从此流亡国外。1994年美国对海地实行军事干涉后，他回国复任总统，直至1996年2月。2000年11月，他在总统大选中获胜，于2001年2月再次出任海地总统。2004年宣布辞去总统职务，随后乘飞机离开海地开始流亡生涯。2011年3月，重返海地。

职并离开海地。就在暴乱分子到达他家之前，我们接到了阿里斯蒂德总统及其随行人员，将他们带到机场，送上了一架即将飞往南非的飞机。阿里斯蒂德总统以为南非会欢迎他，但他错了，当时的南非并不接受他。我深更半夜给多米尼克打电话，让他找个亲法的非洲国家，好让我们的飞机在燃油耗尽之前着陆。半个小时后他回电说问题解决了，很快我们那位焦急万分的飞行员就接到了明确的指令，将阿里斯蒂德总统带到了目的地。我的同行，也是我的朋友，帮我解围了。

在联合国派遣维和部队进驻海地之前，美国派了一支部队前往稳定局势。行动由一位美国海军将军指挥，他的麾下有一个法国步兵营。这得归功于多米尼克。这些行动的确符合法国的利益，但如果我因为一时气恼与他对立，把多米尼克当成永远的敌人而非盟友，他肯定不会让事情解决得这么顺利。我经常提醒我的下属，在美国独立战争期间法国就是我们的伴侣，我们与法国结成"姻缘"已经230多年了……230多年过去了，我们的"姻缘"还在延续，那是因为我们在人权、自由和民主等方面存在着共同的利益和理念。尽管偶尔会有分歧，但维系我们关系的纽带始终坚固。

很多年前，我还是驻扎在堪萨斯州莱文沃思堡的一名准将，在杰出的军人杰克·梅里特中将手下供职。我当时负责评估部队的布防体系以及今后的装备构成。我和梅里特将军关系不错，有一天，我发现他的一项决定缺乏远见，不够公正，甚至可以说是完全错误的。我要求见他，进了办公室，将个人意见一股脑儿发泄出来，他耐心地听着，没有任何表情。在我发泄完了之后，梅里特将军过来拍拍我的肩膀，平静地说："科林，脾气来了，发出来就好了。现在可以开心点儿了。"他说得对。我把怒气发出来之后的确好多了，我也不再气恼。

杰克·梅里特不是第一个给我上这一课的人；再往前很多年，我还在做驻德国美军中尉参谋的时候最早学到了这一经验。有一天，我在电话里和另一位军官大吵大闹，几乎失控。我的主官威廉·路易塞尔看到了，等我挂断电话后，他对我说："再不要在我或其他任何人面前这样做了。"为确保我能接受教训，他还在我的勤务评定报告中写道："年轻的鲍威尔脾气急躁，但他成熟了，控制住了自己的脾气。"他抓住了我的毛病所在，让我终生受益。这么多年来，我努力在脾气上来的时候学会平复，绝不让自己失控。我也犯过错，在这里就不赘述了，但整体上我做得还不错。

3. 不要将荣辱系于一时得失，否则小小的失意也会让你感觉颜面扫地

我从几位律师那里得来了这个教训。1978年，我给卡特政府国防部长哈罗德·布朗做幕僚时，有一次要对因某些问题引起的争端进行仲裁。布朗部长会议室里挤满了人，我坐在主席位子上，听两位律师你来我往、唇枪舌剑。他们很快就摆明了各自的理由，但仍争吵不休，其中一个律师更是开始了人身攻击。他越说越激动，一味地强调仲裁结果对他个人的影响。我终于失去了耐心，叫停了他们的争吵。我受够了，做出了对另一个律师有利的裁决，因为他表现良好，理由更客观。

输掉论战的律师神情沮丧，让在场的人都感觉不安。另一位律师看着他说道："不要把荣辱系于一时得失，否则小小的失意也会让你感觉颜面扫地。"换句话说，工作允许有失误，尊严不能丧失。

这并不意味着你不能激情四射地争辩和竭尽全力地争取。布朗任国防部长期间，W. 格拉汉姆·柯莱特担任副部长，我是他的军事助理。格拉汉姆是弗吉尼亚人，脾气暴躁、性格死硬，有在政府机关和民营机构供职的丰富经验。在做国防部副部长之前，他担任过海军部长，他还是位出名的律师，南部铁路联合公司主席，美国火车公司的头儿。在职期间，格拉汉姆事事上心、寸步不让，但如果他个人的想法未能得到认可，他反过来也

会为布朗部长的决定全力以赴。

　　我鼓励我所有的下级指挥员和下属跟我争辩。我的要求很简单："有不同的意见就说，不必拘谨，让我相信你是对的，而我走在一条错误的道路上。你就该这样做，这是你的职责。即使我反驳你，你也不必担心。到了一定的时候我会觉得够了，我不用再听了，我就会做出决定。我一旦做出决定，就希望大家把它当成自己的决定严格执行，不能敷衍塞责，不能私下嘀咕——我们现在必须共同出击，完成任务。除非你有了新的证据，除非我意识到自己出了问题回头找你，否则不得再跟我争辩。我的决定与你本人和你的颜面无关，这项决定是在收集所有了消息并经过整理、努力分析后得出的最佳答案。我依然尊重你，你就算生气了也得克服。"

　　执行这些指示最彻底的莫过于海军上校保罗·"盛利"·凯利了，他是我任参谋长联席会议主席时的国会事务助理。盛利的工作是让我尽量抽时间上国会山①与国会议员聊天，联络感情，尽我所能与那些决定经费分配方案的人搞好关系。我清楚这项工作的重要性，但盛利总是想让我做得更多。他总是在尝试了一整天之后，又在深夜闯进我的办公室，劝我参加另一个我认为没有必要出席的国会会议。我们经常吵得一塌糊涂，最后往往以我让他"滚蛋"宣告结束。但之后盛利会带着新的理由再次回来，告诉我必须得去国会山，这些理由往往能说服我。盛利知道我说的"滚蛋"只对事不对人，而且他的脸皮没有那么薄。盛利尊重我的决定，但他明白他的职责是保护我，如果他仍然认为他是对的、我是错的，他会整理出新的观点与我争辩。他同样也知道我人生的第一条守则是"明天会更好"。他对我而言可是个宝，所以我做国务卿的时候，就把已经退休忙着打高尔夫的盛利请了回来，让他担任负责法律事务的助理国务卿。

----

① 国会山：也就是通常说的国会大厦，是美国国会的办公建筑，美国国会是美国联邦政府的立法机构。它坐落在华盛顿哥伦比亚特区国会山的顶部，海拔约25米，故名"国会山"。

4. 有志者事竟成

这句名言尽人皆知。著名的幽默大师阿尔特·布赫瓦尔德还把它写在一块办公桌铭牌上送给我作为礼物。不过，这句话也不能绝对化，只能作为一种态度。现实生活中也许有志者事情也办不成，但最重要的是你要有努力就能办成事的态度，除非负面的事实和原因一大堆，那须另当别论。对每项任务都得抱积极热情的态度，与此同时也不要拒绝质疑、拒绝同事提出的有力的反对意见。"有志者事竟成"也不能变质为一种凡事都能成的盲目乐观的态度，否则你就要撞南墙了。我的态度一向乐观，但从不盲目。

5. 小心决断，以免自食其果

这条守则就不用问出处了。不要匆忙地做决定。是的，有时候是机不可失、时不我待，人必须得迅速做出决断。但大多数时候必须花时间仔细权衡，反复思考，日夜掂量，认真考虑后果，因为你必须对你的决定负责。有的错误可以纠正，但有时候会一失足成千古恨。

6. 不要让不利因素妨碍你做出明智的决断

非凡的领导艺术往往源自非凡的直觉。当你很难做出抉择的时候，可以多花一些时间去收集信息，因为这可以唤醒你的直觉。尽可能了解你面临的情况、对手、资源、机遇、优势与不足、威胁与挑战。挑选出几种可行的行动方案，用你掌握的信息考察这几种方案，逐一加以比对分析。一般情况下，经过实际比对就能做出正确的选择，但更多的时候，你需要在一些最好的方案中进一步选择。这个时候你就要靠直觉来嗅出最佳方案了。你需要运用所受的教育、经验和你的下属不太了解的其他知识进行决断，你需要深入考量你的疑虑、担忧和自信，这样你才能赢得回报，获得成功。此刻你的直觉不是一种随意的猜测或无来由的预感，它是建立在长期经验的基础上、以事实为依据的直觉，它能排除不利因素的干扰，帮你做出正确的决定。有句话说得好："正确的决断来自经验，而经验则来自错误的决断。"

二战中，盟军在诺曼底登陆前夕，艾森豪威尔将军就面临着有史以来部队司令官要做出的最为艰难的抉择。当时天气变化无常，而在糟糕的天气条件下实施登陆作战对发起进攻的部队而言将是毁灭性的决策。将军麾下的气象人员预报说1944年6月6日会云开雾散。艾森豪威尔将军为登陆作战已经进行了数月的情报收集和准备工作，他知道箭在弦上不得不发。将军内心的苦闷孤独只有做过军队指挥官的人才能明了。将军做出决断，立下军令状，誓言承担进攻失利的一切责任，因为他的直觉告诉他应该"冲上去"。他的直觉是对的。

南北战争临近结束时，格兰特①将军的波托马克军团包围了彼得斯

---

① 格兰特：即乌里塞斯·辛普森·格兰特（1822—1885），美国军事家、陆军上将，美国总统（1869—1877），他是美国历史上第1位从西点军校毕业的总统。在美国南北战争后期任联邦军总司令，屡建奇功。但格兰特的平平政绩与他的赫赫战功形成明显对照。特别是在第2次总统任期内，他对南方奴隶主妥协让步以及对贪污腐化的属员采取姑息纵容态度，引起了选民的普遍不满。格兰特卸职后曾周游世界，并想在政治上东山再起，但未能如愿。晚年经商失败，抑郁病逝。

堡，逐渐将罗伯特·李[①]将军的北弗吉尼亚军团逼入绝境。一天晚上，格兰特被一名参谋叫醒，他急促地对格兰特说："我们得到情报，南军正在移动，有意对我军侧翼发动集团冲锋。"格兰特揉揉睡意惺忪的双眼，想了一想，说："那不可能。"接着又睡下了。

两位名将当时的决断可能都是错误的，若果真如此，他们就是历史的罪人。艾森豪威尔是一名出色的参谋和管理人员，更是一位杰出的领军人物，知道何时何地相信自己的本能和直觉。格兰特那晚的决定也绝非草率，因为他熟悉罗伯特·李的为人和领兵打仗的手法，他也清楚己方的实力增长和北弗吉尼亚军团军力的衰退。他的直觉以事实为依据，因此他分分钟就可以凭直觉得出结论："那不可能。"

有时在做决断的时候会遇到一些困扰你的因素，在认真思考对策、努力解决问题之前，绝不要做出决断。一旦认定利大于弊，那就应该果断做出决定，坚决付诸实施。

我不敢把自己比作艾森豪威尔或者是格兰特，但1989年12月我出任参谋长联席会议主席几个月后，在一个意义相对来说没有那么重大的事务上做出了类似的决定。12月1日晚，菲律宾爆发了针对科拉松·阿基诺[②]总统的军事政变。我匆忙赶往五角大楼指挥中心关注事态的发展。阿基诺总统担心空军部队中会有人加入政变行列并轰炸总统府，她给白宫打电话，要求我们轰炸菲律宾总统府附近的菲空军基地以避免发生她所担心的情况。我得到白宫战情室的指令要求采取相应的军事行动。经验告诉我这样的军事行动非常简单，只需从克拉克空军基地派F-4战斗机前去执行任务就行；但经验同时又告诉我这样的军事行动会导致菲律宾

---

① 罗伯特·李（1807—1870）：美国职业军人，为南北战争期间联盟国最出色的将军。他最终以总司令的身份指挥联盟国军队，以寡击众、以少胜多的战绩使他声名赫赫。

② 科拉松·阿基诺（1933— ）：1933年1月25日生于菲律宾马尼拉市，祖籍中国福建，菲律宾第11任总统，任期1986年2月25日—1992年6月30日。是亚洲第1位女性国家元首。

平民生命财产的损失。这样一来，无论政变的结果怎样，菲律宾民众都会因平民生命财产损失而怪罪我们。我的直觉告诉我可以有更好的解决方式，确保菲律宾总统府不会遭到菲律宾空军的轰炸。当时太平洋部队司令、海军上将亨特·哈迪斯蒂正好也在华盛顿，他赶到指挥中心与我一同指挥了这次行动。我们的变通方式是让F-4战斗机起飞，明确警示菲律宾空军基地我们"绝对的敌意"，如有飞机进入跑道，我们就朝飞机前面的跑道射击或毁坏跑道，如有飞机升空，我们就把它打下来。结果菲律宾空军的战机老老实实地停在停机坪上，几个小时之后政变就结束了。

　　哪怕有一架菲律宾空军的飞机起飞并去轰炸菲律宾总统府，炸死了阿基诺总统，那就说明我的经验和直觉出了问题。

　　政变过程中，我无法联系上菲律宾国防部长菲德尔·拉莫斯①将军。政变平息后我终于打通了他的电话，向他通报了我们采取的行动。他对我们没有轰炸菲律宾空军基地而深表感谢。

　　每当面对困难的抉择时，我都会采取一套熟悉的军事行动程序评估眼前的情况：什么情况？什么任务？有没有不同的行动方案？各方案有何不同？哪种方案看起来最有可能成功？在考虑完这些问题之后，你就可以凭借直觉做出决断，然后投入全部精力和所有力量坚决予以贯彻执行了。最后你深吸一口气，希望一切如愿。记住："早下决心存希望，晚做决定空叹息。"

---

① 菲德尔·拉莫斯（1928—　）：菲律宾第12任总统（1992年6月—1998年6月）。曾担任菲律宾国防部长，在拉莫斯的6年总统任期内，他成功稳住马科斯倒台后崩溃的菲律宾经济，并保持政局稳定。

7. 不要替他人做决定，也不要让他人替你做决定

　　部队教育我们必须对"自己以及队伍的胜败"负全责。既然最终负责的人是你，你就得做出自己的选择，不要因他人的压力和意愿而改变。

　　这并不意味着你只能独立地甚至孤独地做决定。你需要征求他人的意见，征求周围人的意见，征求那些想法充分、了解你需求的人的意见。你也要清楚，很多时候你的决定会对这些人产生影响，因此他们的建议往往会朝向对他们有利的方向，对你则未见得有好处。永远记住，在掌控全局的基础上形成的直觉才是你做出决断最坚实的基础。

　　当然，有时候拿主意的人不是你，像部队里就经常出现这种情况，你得适应。

　　1985年，我被推荐担任驻德国美军步兵师师长。我渴望得到这份任命——这是所有步兵指挥官梦寐以求的职位，而且当时我正盼望着回一线部队任职。但陆军司令部决定让我继续在五角大楼供职，担任国防部长卡斯帕·温伯格的高级军事顾问。

　　1年后，我终于可以离开五角大楼前往德国担任部队指挥官了，这次是去做军长。我兴高采烈地去上任了，但只过了半年，我又被调回华盛顿做国家安全顾问助理。这样一来，我的军旅生涯似乎就要终结了，因此我对此项任命表示抗拒，我的理由是如果非让我出任这个职务，那要总统亲自给我打电话。结果总统真的打电话来了，我只好离开了部队。11个月后，我成为国家安全顾问，一直干到里根总统那届任期结束。

　　很难判定陆军司令部对我任命的是是非非，很多任命最终让我受益匪浅。但在离开部队之后，我还是可以更加随心所欲地依照自己的直觉做出

自己的决定。

人往往经不住别人的吹捧，会轻易接受某项工作。我离开国务院后，一些机构，主要是金融机构，就来游说我前去担任高级管理职务。工作并不怎么吃力，报酬却高得惊人。他们跟我说，我不用弄懂银行、金融或境外经贸操作，如对冲基金和金融衍生品等概念，到时自会有专家来帮我解决问题。一家投资银行狂追不舍，一再强调高额的报酬和诱人的头衔。这些东西着实有诱惑力。

我清楚这些职位能给我带来的经济和社会效应，但我本能地拒绝了。他们真的需要我为他们做什么吗？或许他们只是需要我所能带给他们的光环呢？我的直觉告诉我，他们不过想让我去做迎宾和司仪。事实上我对相关行当一无所知，也无兴趣去了解。我对金融尤其不感冒。他们想替我做决定，但我坚持自己做决定。

有个好友坚定了我的初衷。吃午餐时我告诉他别人提供的这些职位，他听完了淡淡地说："干吗要穿别人的T恤呢？你有自己的行头。穿自己的衣，走自己的路，多自在。"

事实证明，我的直觉接下来帮我做出的这个决定不仅是对的，而且可以说极具远见。那些承诺给我高薪的其实都只是纸上谈兵，在2008年的金融危机和接踵而至的经济萧条中，那些许给我高级职位的公司不是倒闭就是濒临破产。我很高兴我躲过了这一劫。

与1995年我从部队退役两年后的经历相比，这些诱惑倒也不算什么了。那2年我淡出公众的视线，享受自己的生活，写写回忆录，有时在国内做个演讲，顺带旅游一番，相当惬意。但我的自传一经发表，我就连续6个月到各地签名售书，弄得名气比以前还大。粉丝们热情高涨，这种结果是我始料不及的。每次露面都会听到让我重返政坛的呼声。人们认为我是竞选总统的热门人选，这份诱惑实在太大了。

尽管我从无政治抱负，但各方势力都催促我参选总统。我的内心很纠结，不知道对我、我的家庭和我的国家怎么做才好。我向朋友和专家咨询，也仔细聆听那些希望我参选的新朋友的建议。内心涌动着的强烈的本能告诉我，我有责任和义务参选，因为我知道该如何管理这个国家和怎样弥补我眼中的漏洞。但同时我的另一个直觉又告诉我，参选总统对我本人而言将是灾难性的抉择。我陷入了左右为难的境地。

我为是否参选总统而纠结不已的那2个月，是我人生中最艰难的2个月。我特别矛盾，眼见着就瘦了，晚上也睡不好。家里人也意见不一，让我更加为难。一些最亲近的朋友并不赞成我参选总统，但如果我选择参选总统这条路，他们也会一路支持我。他们像我自己一样了解我，认为竞选总统对我没有益处。

最终还得我自己做出选择。促使我做出最终决定的原因是，我不会在某天早上醒来突然觉得自己应该成为总统，也不会激情四射地希望赢得一场竞选的胜利。我不是搞政治的料，肯定不是。这样一想，我神清气爽，该怎样做决定也就明了了，这不再是一个困难的决定。

我几乎每天都问自己会不会因此留下遗憾，回答是，不会。这是我的决定，我们家的决定，是正确的决定。我无怨无悔，也不会再考虑这个问题。我继续前行，找到了完成自己报效国家的心愿和责任的工作。这样做让有些人失望了，但也有人感到欣慰。这就是我的决定，它只能是这样的决定。

8. 关注细节

俗话说，"千里之堤，溃于蚁穴"，可见小的细节会带来极大的影响。成败最终取决于细节，是诸多细节累积作用的结果。作为领导，必须对细节很敏感，对构成事物的各种内部细节很敏感。职位升得越高，你越容易被眼前的盛况和员工的奉承所蒙蔽，越难了解到细节，你就越需要了解最基层所发生的一切。

一个办法是放下架子，深入基层了解事实真相。不要告诉别人你要来，免得预先一通知，人家就临时打扫清洁，慌着做准备，匆忙弄些演示文稿搪塞。是的，有时候你需要反复提醒下属，让他们像房屋销售人员那样把"房子"弄得干干净净。不过我更喜欢顺便溜达进他们的办公室，随意瞅瞅。如果装备部里设备落满了灰尘，零配件散落一地，也没有高级军官监督，这已经很说明问题，不用去看他们递上来的季度报告了。

每次视察军营，我都会仔细检查铺位、壁柜和军用背包，或者径直奔向洗手间。我并非只是看看干不干净，还要看缺不缺卫生纸，镜子有没有破的，水龙头有没有坏的。只要发现其中任何一种情况，我就会意识到很多问题——部队维护费用短缺、没有人检修、上级监督不力等。我会找出具体的问题并加以解决。

我讨厌看到道路两旁刷得雪白的砖墙，新刷的油漆味说明他们听到了我要去的消息。新出炉的糕点也是我讨厌的消息走漏的证据。

有一次在韩国，听说太平洋舰队司令要到我们驻地视察，要进入我们营房巡视，我很开心。我们住的是老式的、令人作呕的移动板房，没有条件生火炉，也没法油漆外墙。因为油漆不够，上面让我只把司令将要路过的食堂前面粉刷一下，后面的就不用管了。司令来了，看到新刷的墙，跟周围的墙一比亮得刺眼，司令又不是傻子，没那么好糊弄。我们真该坐下来跟他好好谈谈，汇报我们的困难，免得让他像侦探一样来发现我们的问题。

下属和士兵生活的世界体现在方方面面的细节中，当领导的要了解他们的生活、他们的世界，就得以各种正式的或非正式的方式去了解这些细节。除了顺道视察，我还靠一大批非正式的观察员来了解情况，他们可以当面向我汇报，让我知晓在正式情况下无法了解的系统运转细节。在做部队指挥官时，部队的牧师、军士长和他的那帮子人、监察长，以及在我"开门接待办公"夜晚来访的士兵都是我的观察员。在做国家安全顾问和国务卿时，我在政府内外都有信得过的朋友帮我到基层巡视，让我及时掌握信息。做领导的得熟悉下面的状况，光看报告和听下属汇报是不行的。

有一次在国务院，下午2点钟左右，我四处溜达的时候碰到一个溜号的年轻女职员。她像是没有认出我来，或者只是装作没有认出我。我问她为什么那么早就下班，她回答说："我这是弹性工作制。我早上7点钟就开始上班了。"

我感到很奇怪，因为我没有听说过弹性工作制。我轻松地跟她聊了起来，问她和同伴工作的情况。我了解了很多关于弹性工作制的情况，我手下的工作人员从来没跟我讲过相关的事情。我意识到这种工作制还不错，有必要推广。到这个时候，她还是装作没有认出我是谁。

我想逗逗她，就说："哎呀，我也想实行弹性工作制。谁给你安排的弹性工作呢？"

她回答说："去问你的顶头上司吧。"

"我星期一就去问他，等老板从戴维营（美国总统的度假胜地）一回来，我就去问他。"

她面不改色心不跳地说："那好，希望他能给你安排好。"然后她出门走了。我愣在那儿，不知道自己能不能实行弹性工作制。不过我对弹性工作制一下子有了很多了解：对我而言这是桩小事，但对她和我的下属们是件生活大事。

9. 与下属荣誉共享

当取得成绩的时候，一定要和下属以及单位所有的人分享荣誉。要让每个员工都相信成绩是他们的功劳。而且事实本来就是如此。要颁奖、打电话、发通知、写贺信、拍拍肩膀、微笑示意、加薪升职，尽一切可能分享荣誉。就像需要进食进水一样，人需要得到认可，需要体现个人价值。

部队里总是举行盛大的指挥官交接仪式，仪式上新任指挥官从前任手中接过军旗，象征着职责交接。这些仪式通常是对指挥官的庆贺。官兵们在操场里整齐地列好队，长官们次第进场，前任和新任指挥官先后发表讲话，前任指挥官接受赞颂、获颁奖章，官兵们通常顶着烈日，静立聆听。

绰号"神枪手"的汉克·埃莫森中将是位非常有个性的将军，也是我最尊敬的指挥官之一，他就不喜欢这套仪式。我在韩国凯瑟营基地做营长时，他是我们的师长。在交接仪式上，他坚持只由两位长官及其参谋人员出席，站在操场上列队的只有连级以上军官，他们身后没有士兵站着。不过士兵们会受邀坐在露天看台上观看交接仪式，看老长官将营旗交到新长官手中。当时两位长官都没有发表讲话。我喜欢这种做法。

几年之后，"神枪手"自己要在著名的第82空降师的基地——北卡罗来纳州布拉格堡交出第18空降军军长的职务。按部队规定和人们的期待，这应该是一个有数千名士兵参加的传统的交接仪式。我当时是肯塔基州坎贝尔要塞第18空降军下辖101空降师的一名旅长。"神枪手"命我前往布拉格堡指挥他的交接及退役仪式上的方阵。

等我们把仪式准备妥当后，那一天也终于到了。我们站在烈日下，正等着仪式开始的时候，"神枪手"招呼我跑过去，在观察席向我交代新的指令。他让我回到方阵，命令所有的军官转过身面对他们自己的士兵，我遵命执行，我们就这样完成了交接仪式，所有军官按他的命令转身向士兵敬礼。这情景感人至深。他当时唯一能真诚表达自己心意的就是这个军礼，他觉得他所有的荣耀都属于他手下的士兵。

这是多么人性化的一幕！是的，奖章、优先认股权、升职、奖金、加薪等等，这些都是好东西。但真要深入人心，那就得打动他们。说句暖心窝的话，拍拍肩膀，鼓励说"干得不错"，逐个发送专门问候的信息而不是群发邮件，这些都可以成为分享荣誉的方式。通过这些方式，你与下属分享梦想和渴望，分担焦虑与担心。他们都想做出成绩，好的领导在下属取得成绩的时候就要给他们认可。

一旦工作出现问题，那就是领导的错，不要怪罪员工。领导得扛责任。分析问题所在，做必要的修补，继续努力。不要责怪和惩罚大家。你甚至可以——如有必要——开除某些人，平时严格训练，高水准要求下属完成任务，如果为了激励下属，甚至可以大发雷霆。但始终要记住，领导得承担失利的责任。

分享荣誉，承担责任，冷静地查找问题、弥补过失。有一名心理诊疗师为有严重心理问题的儿童开办了一所学校，这名心理诊疗师说过："如果你认为你做的事情不关你自己的事，那你就不是在找理由，而是在找借口。"这句话适用于所有的人，尤其是领导。

10. 头脑冷静，待人宽厚

在一片混乱之中，很少有人能做出明智成熟的决定。情况越糟糕，通常再加上时间紧迫，所有人都会着急，会像热锅上的蚂蚁，手忙脚乱。碰上这种情况，我明知情况紧急，也会辟出一片能冷静思考的环境。冷静保障秩序，保证人能全面考虑问题；冷静能在混乱时恢复秩序，让人避免相互责骂咆哮。

遇到暴风雨时，船长一定要稳住，要盯住仪表，稳定船只，镇定听取轮机长和水手长等汇报各个船舱的情况，带领大家穿越风暴。如果危急情况下领导惊慌失措，没有信心，团队的凝聚力就会下降。因此，一定要审时度势，迅速行动，果敢决策，但你始终要保持冷静，不要让属下看到你慌张的样子。

冷静主要是一种情绪上的调整，我总是努力让自己保持情绪上的稳定。

我努力保持冷静，每个做领导的人也都应该竭力保持自己的情绪稳定。这样你就会变成一个很少烦躁，很少发脾气，很少感情用事的人了；这样你就会形成处变不惊的习惯，成为一个镇定自若的人了。有些事你兴趣昂然，有些人让你情有独钟，即使这样，你也要与之保持适当的距离。你做事要井然有序，始终如一（这并不意味着你这个人乏味无趣，从不能给人惊喜，或者永远都不会暴跳如雷，对某人大发雷霆）。你的下属会慢慢熟悉你的这种性格，知道该怎样适时地配合你。

有时候我也会大发雷霆，我这样做自然有这样做的道理。

有一天——那还是早先部队里人人可酗酒的时候，我是一旅之长，那时候我对酒后驾车事故都快没辙了—— 一个军士长因酒后驾车站在我面前等候处罚。当时后果很严重，他知道他会被降职和处罚。他站在我面前，求我放他一马，说我给他的处罚不只会影响到他，还会影响他全家。我一下就发作了，是他自己辱没了家门，跟我没有任何关系。我站起身，一拳头重重地砸在桌子上，桌上的玻璃板"啪"的一声碎了。参谋人员跑过来把军士长弄走，他们不敢相信一向冷静克制的长官会如此暴跳如雷。说实话，那感觉好极了，我不怕让他们知道，碰上这种情况我还可能大动肝火。

我后来还不时地发火，但我再没有砸烂过办公桌上的玻璃。如果遇上是可忍孰不可忍的情况，我会让人领教我的脾气，不过我再没有毁坏过公物。

在"斗争最惨烈的时候"，不管是在战场上还是在会谈中，待人宽厚跟保持冷静一样能给下属带来安慰，让他们保持信心。待人以宽能让你和其他人相互尊重，和平共处。如果你平时关心下属，宽厚地对待他们，那他们也会投桃报李，关心你、爱护你。他们不会弃你而去，也不会眼睁睁看着你失利。他们会全力完成你交给他们的所有任务。

11. 明确目标，严格要求

员工们一定要领会领导的意图与目标。任务、目的、战略和前景，这些都是机构通常使用的反映领导意图的词汇。但我倾向于使用另一个我觉得更恰当的词——目标。想想就知道，其实这个词使用得很广泛，像"目标意图"，像"你的目标是什么"，像"目标实现了"，等等。

目标是前景展望的终点，是展望前景的能源和动力。领导的目标必须积极向上，充满鼓励性，引领机构发挥优势，走向光明的未来。

领导应该将这样的目标植入每个下属的心中、头脑中。最高领导的目标一旦明确，就应该通过极具感染力、积极活跃、热力四射的领导艺术，让机构上上下下全部明确这一目标。每个员工都应该拥有为机构谋利并且与领导意图一致的个人目标。

我看过一部关于帝国大厦的电视纪录片。片子大部分时间在记述帝国大厦辉煌的历史和独特的内部构造，记述它有多少部电梯，有多少人在其中工作，有多少人参观过大厦，有多少间办公室以及大厦的建造过程，等等。但在片子最后镜头突然切换，转向了大厦地下层堆放着公司日常垃圾、摆放着几百个黑色大垃圾袋的大型垃圾处理场。那里有5个身穿工装的人站在垃圾袋前，他们的工作、任务和目标就是把这些垃圾袋扔进等在外面的垃圾车里。

镜头对准了其中一个工人，主持人问他："您是干什么工作的呢？"这是个任何人看来都一目了然的问题，然而那个工人笑了笑，对着镜头给出了这样的回答："当明天从世界各地来的人涌进这座大厦的时候，让它看起来光彩夺目、干净整洁、恢宏壮丽，这就是我们的工作。"他的工作就是倒垃圾，但他目标明确：他并不认为他仅仅只是一名垃圾清理工，他认为他的工作非常重要，他的目标和大厦第80层里的公司最高管理层的目标一致。他们的目标是要让这座经典的建筑始终受到来访者的喜爱和推崇，每天都和1931年5月1日大厦启用的那天一样。为实现这一目标，大厦的管理者让团队中的每一个人，包括地下室里那个面带微笑的工人一样对此有着同样坚定的信念。

好的领导只是确立前景、任务和目标，而伟大的领导会鼓励各级下属内化自己的目标，明白只有在工作的各个细节贯彻实施这一目标，目标才有可能实现。当所有的人为了一个不仅仅有利于机构，而且对周围的世界也能产生积极影响的目标而团结一致、共同奋斗的时候，你的团队就一定能取得成功。

前不久，我在一家信用评估公司的领导层会议上做了一次讲话。他们似乎把所有的注意力都放在了减少损失、清退高风险客户、清理坏账和加快流程上。我告诉他们，这些都是公司成功的必备条件，但它们都是一些负面的因素，不利于鼓舞公司员工的士气。贵公司的目标难道不就是要找到可以给予信贷的可靠人士吗？难道不就是帮助人们购置房产、完成子女的教育和规划未来吗？难道这不就是会议的宗旨吗？

谷歌公司的业务目标与其公司的宗旨就是完全一致的："整合全球信息，供大众使用，使人人受益。"该公司的缔造者们矢志服务于社会，就此创造了一个异常成功的企业。

要达成目标，成功的领导者必须确立高标准，并要求员工严格执行。人们都想"到好单位工作"，就像部队里也一样。但我从来没见过哪家好单位不确立高标准、严要求的。员工们在执行高标准、严要求的过程中往往会充满抱怨，但一旦目标实现了，大家就会击掌相庆，相互表扬，情趣盎然、欣慰地对视。

高标准必须是现实可达成的（尽管达到高标准需要付出更多努力），领导必须提供高标准完成目标的条件。我们的目标都是为让一切越变越好，我们一定要朝越来越好的方向努力。

12. 不要受制于恐惧和反对者

这一条由来已久，可以追溯到古罗马大帝、哲学家马可·奥勒留，美国总统安德鲁·杰克逊和西奥多·罗斯福，英国首相温斯顿·丘吉尔以及其他许多历史名人。最有名的一句话也许来自富兰克林·罗斯福总统的第一次总统就职演说："我们唯一恐惧的就是恐惧本身。"

恐惧是一种正常的情绪，它本身并没有多大的危害。当恐惧来袭时我们要慢慢学会适应，并且在身陷恐惧时要学会控制自己挺过去。但是，相反，如果我们不把恐惧看作一种正常的情绪，在陷入恐惧时又不懂得怎样克制和克服，我们就会动弹不得，难以前进；我们就不能清晰地思考，理智地分析。我们必须防范恐惧，克服恐惧，绝不能受制于恐惧，做不到这一点就无法做领导。

我永远都不会忘记在第一次战斗中感受到的恐惧。1963年，我在越南一个步兵营做军事顾问。当时我们正在一条林间小道列队行军，突然遭到埋伏在丛林中的小股敌对武装的袭击。我们立刻还击，越共军队迅速撤退，并消失在丛林中。枪战前后虽然不过一分钟，但我们死了一名士兵。我们用一件雨衣裹着他的尸体，把他抬到一个直升机可以降落的地方，让直升机把他运走了。那天晚上，我躺在林地上，心里老是想着第二天早上一起来，我们还可能遭到伏击。果不其然，我们又遭遇了埋伏。我身体阵阵发凉，生怕自己成为第二个牺牲的人。我比那名牺牲的越南兵高，作为美军顾问，我更容易成为攻击的目标。但我坚持了下来。

那天早晨，实际上每天早晨，我都得靠我所接受的训练和自制克服恐惧，坚持战斗；就像所有的越南兵一样，就像古往今来所有的战士那样，坚持战斗。并且，作为一名指挥官，我绝不能让人看到我的恐惧，我不能受制于恐惧。

除了恐惧，你也会随时碰到反对者。他们觉得待在反对者的阵营里最安全，这也是他们最容易披上的防护铠甲。也许他们的反对立场有其道理，也许事实证明他们是对的。但更多的时候，他们的反对意见没有道理，不符合事实。在做抉择的时候，你可以把他们的反对意见作为问题的一个方面考虑进去。你需要聆听各方的意见，但接下来需要毫无畏惧地按照你的本能做出决定。

我们每个人都应该做脚踏实地的人，否则我们就会浪费时间和精力追求不切实际的梦。但总有一些反对的声音，诱使我们去追逐那些不切实际的梦。他们的恐惧和玩世不恭不会引领人类前进，他们只会阻碍进步。试问，又有哪个帝国、哪座都市、哪家大公司是由愤世嫉俗者建立的呢？

13. 永远乐观就是一项战斗力

在部队里，我们不断寻找能鼓舞士气的方法。相对敌方而言，部队拥有更好的通信、指挥和控制能力，可以增强战斗力；拥有更好的后勤保障能力，可以增强战斗力；拥有更加训练有素的指挥人员，也可以增强战斗力。

永远乐观，相信自己，相信目标可以实现，相信自己可以获得胜利，展示激情与自信，这些也是部队的一项战斗力。如果你相信你的下属，也这样训练他们，他们就会表现出相应的自信和战斗力。

有一次在韩国，一个隆冬的夜晚，在经历了一周残酷的野外拉练之后，我们营500名官兵都在等着来卡车把我们拉回20英里外的凯瑟营。但是后来上面传下话来说，因燃油短缺卡车来不成了，那天晚上我们只能走回去。官兵们都已经筋疲力尽，但我们必须整顿行囊，开始越野行军，返回营房。一些军官对上级指挥部门抱怨个不停。

我们动身后，执勤官斯基普·莫阿上尉提议，我们可以乘机再来一次严格的12英里强制计时越野行军，训练我们的部队达到优秀步兵大赛的标准。他在地图上规划好了路线，我们必须在半小时左右抵达12英里外的目的地，他对我说："让我们加快速度，冲向目的地。"

"这对他们来说是不是太严厉了？"我大声地问他。

"你了解这些小伙子的，"他回答说，"他们壮得像牛，你相信他们，他们就会照着去做的。他们做得到的。"

我同意他的看法。

我们划定了12英里越野行军起点，在那儿停下来解开冬装的纽扣，短暂休息了10分钟，然后就拔锚出发了。我们翻过了好几个崎岖难行的山头。我都不敢肯定能否跟得上那些年轻的战士,但我咬牙坚持了下来,他们也同样坚持了下来,做得非常出色。走到最后一英里的时候,可以看到山下凯瑟营的灯光,于是我们放慢速度,在沉沉夜色中迈着整齐的步伐、唱着嘹亮的军歌走进军营,还惊醒了所有的人。

那是一个美妙的夜晚。我们对战士提出了极高的要求,但我们对他们充满信心,他们因为我们的信任对自己也充满了信心。我们对他们成功完成任务,非常乐观,坚信不疑。

鲍威尔的秘诀

· "你也许饥肠辘辘，但你不能流露出饥饿感，你永远得最后一个进餐；你也许快要冻僵了，又或许热得要死，但你不能让人看出你的冷热；你也许深感恐惧，但你绝不能流露怯意。你是领导，你的情绪会影响所有士兵。"你必须让他们相信，无论情况多么糟糕，你都可以扭转乾坤。

· 在碰到棘手的问题时，我可能沮丧过，但从未认过输。

· 有不同的意见就说，不必拘谨，让我相信你是对的，而我走在一条错误的道路上。你就该这样做，这是你的职责。

· 永远记住，在掌控全局的基础上形成的直觉才是你做出决断最坚实的基础。

· 干吗要穿别人的T恤呢？你有自己的行头。穿自己的衣，走自己的路，多自在。

· 作为领导，必须对细节很敏感，对构成事物的各种内部细节很敏感。职位升得越高，你越容易被眼前的盛况和员工的奉承所蒙蔽，越难了解到细节，你就越需要了解最基层所发生的一切。

· 说句暖心窝的话，拍拍肩膀，鼓励说"干得不错"，逐个发送专门问候的信息而不是群发邮件，这些都可以成为分享荣誉的方式。

· 一旦工作出现问题，那就是领导的错，不要怪罪员工。领导得扛责任。分析问题所在，做必要的修补，继续努力。不要责怪和惩罚大家。

· 好的领导只是确立前景、任务和目标，而伟大的领导会鼓励各级下属内化自己的目标，明白只有在工作的各个细节贯彻实施这一目标，目标才有可能实现。当所有的人为了一个不仅仅有利于机构，而且对周围的世界也能产生积极影响的目标而团结一致、共同奋斗的时候，你的团队就一定能取得成功。

· 员工们在执行高标准、严要求的过程中往往会充满抱怨，但一旦目标实现了，大家就会击掌相庆，相互表扬，情趣盎然、欣慰地对视。

· 在做抉择的时候，你可以把他们的反对意见作为问题的一个方面考虑进去。你需要聆听各方的意见，但接下来需要毫无畏惧地按照你的本能做出决定。

· 永远乐观，相信自己，相信目标可以实现，相信自己可以获得胜利，展示激情与自信，这些也是部队的一项战斗力。如果你相信你的下属，也这样训练他们，他们就会表现出相应的自信和战斗力。

我赢定了：鲍威尔生活和领导的艺术

It Worked for Me:
In Life and Leadership

1. 尽力尽责，因为有人看在眼里

2. 扫大街的人

3. 一心忙事业的浑球儿

4. 友善无敌

5. 做领导的就是来解决麻烦的

6. 开战时领导者应该在哪里

7. 从地基到塔尖——提拔下属的原则

8. 提拔人才不只看表现，还要看潜能

第二章

了解你自己，做你自己

1. 尽力尽责，因为有人看在眼里

我回想起了我年少时在布朗克斯的日子，那时我生活开心，工作愉快。从14岁开始，每年暑假和圣诞假期我都会在布朗克斯的一家儿童玩具店做兼职。店主杰·斯克瑟是俄罗斯的犹太移民，一天我走在街上路过他家店时，他叫住我问："想不想帮我卸货赚点儿钱？"我当时就答应了。这个工作需要干几个小时，他每小时付了我50美分的薪水，并对我说："小伙子，干得不错，明天继续吧。"

我与杰一家人的友谊就这样开始了，这份友谊一直伴随着我读完大学乃至以后的50年。那些年里，每逢暑假我都到杰的店里做兼职，每天只干几个小时；而到了圣诞假期就每天再多干几个小时。我做事勤快，这一点遗传自我从牙买加移民来的父母。早年我父母每天都得早早起来赶去曼哈顿的缝纫厂，晚上很晚才能回来。我家所有亲戚都是工作努力、做事勤快的人，因为他们都是移民过来的，白手起家，期盼着有好生活。牙买加移民间流传着一个冷笑话："瞧那个懒蛋，他居然只打两份工。"

在杰的玩具店兼职工作的几年中，我和杰一家人相处得非常愉快，杰也注意到我对工作的热情。有一天，他把我拉到一边，严肃地对我说："科林，我觉得你应该去上学，你应该过更好的生活，当个搬运工可惜了，我这个小店总是跟一般人打交道，你的未来不应该埋没在这里。"我以前从未想过我也能追求卓越，但他的激励让我醍醐灌顶。

18岁那年我成了美国合法公民，于是我找到了一份薪水较高的暑期全职工作，但圣诞节假期我依旧在杰的店里兼职。我还加入了国际卡车司机协会第812地区分会，那是一个软饮料行业工会，每天早上我都赶去工会，排着队等待着帮忙搬运货车上的饮料。这是个辛苦活儿：需要抓住可乐箱边角的一瓶，把整个24瓶一件的箱子拎起来，然后完好无损地掷到车上。渐渐地我成了搬运专家。

几周之后，工头注意到了我，问我愿不愿意去开货车。我是货运公司的，又有驾照，当然能开货车。问题是我以前从没开过，但是，为什么不试试呢？毕竟工资高啊。

第二天早上，我就爬上了一辆大约1940年产的老式手动档货车上，随车的还有一名督导，他坐在副驾驶座位，车上载有300箱可乐，货车两边各放150箱。我问督导我们把货送去哪儿，他说："华尔街。"当时我就心里一哆嗦，脑海里马上浮现出这样的情景：狭窄的街道，古老阴森、像迷宫一样的巷子。我使出浑身解数小心开车，最后凭着盲目乐观的心态，终于安全地把货送到了。由于卸货动作太快，卸到150箱时货车倾斜得非常厉害，督导生怕货车会翻车，因此后来尽管顺利卸完了货，但督导并不满意我操控货车的水平，我的货车司机生涯也就结束了，我又继续去做卸货工人。尽管如此，我还是很骄傲，因为我领到了一天20美元的薪水，摆在了我父亲的面前。

第二年夏天，我想找份更好一点儿的工作，因为每天早上排队等着接活儿干太辛苦了。机会终于来了。一天早上，老板宣布，长岛的一家百事公司要雇勤杂工，暑期全职。我立马自告奋勇，当时我是唯一举手的人。

后来我去了那里才发现，所有的勤杂工都是黑人，装瓶流水线上的则全都是白人。不过我并不介意，我只是想要一份待遇不错的暑期全职工作。尽管我的工作只是擦掉从放翻了的盘子里洒出的糖浆和苏打水，但我干得很起劲儿。

暑假快结束的时候，老板说他非常满意我的工作表现，并问我愿不愿意再去工作。"当然愿意，"我应声回答，"但我不想再当勤杂工。"老板欣然同意了我的要求，第二年暑假我就成了装瓶流水线上的一名工人。这份工作给我带来了更高的收入，也让我更有面子。我虽然没有参加黑人为争取人权举行的赛尔玛大游行，但我实实在在地融入了装瓶流水线的团队，得到了流水线上其他白人的尊重。

在很多方面我都难有出色的表现，我既不擅长运动，也不是成绩优异的学生。要说我也打棒球、踢足球、玩棍球，布朗克斯人玩的运动我都玩；我竭尽全力，希望能精通某项运动，但结果我一无所长。在学校里，我学习也是百分之百地投入，但我的成绩永远都不是最优异的，怎么样都赶不上我那些成绩出众的堂兄弟。不过我父母从不给我施加压力，他们的态度就是让我"竭尽所能做到最好，这样就已经心满意足了"。

这一切给我的生活和工作打下了坚实的基础。不管工作多辛苦，不管喜不喜欢做、喜不喜欢某个老板、喜不喜欢工作的环境和伙伴，我都会竭尽全力做到最好。俗话说得好，拿人钱财就得替人办事。

记得美国喜剧演员戴夫·加德纳老兄讲过一个关于两个挖渠人的故事。其中一个伙计干得很起劲儿，每天埋头挖渠，从不怨三怨四；另一个伙计挖挖停停，隔三岔五地靠在铲子上休息，嘴里还念念有词："总有一天，我会开个公司。"

过了一段时间，前一个伙计买了挖掘机，每天能掘进几百英尺，忙得不亦乐乎；另一个伙计挖得不多，嘴上仍旧念个不停："总有一天，我会开个公司。"第一个伙计倒也没有开成自己的公司，但他成了工头，可以坐在有空调的车里干活儿；而他的老朋友还是倚在铲子上喃喃自语："总有一天，我会开个公司。"不过他最终什么也不是。

我到部队当兵以后，总是碰上一些自己不情不愿的活儿，有些任务更是超出了我的管辖范围和经验，但不管是什么活儿，不管干起来顺不顺利，我都尽我所能做到最好，尽忠职守，毫不懈怠。

第二次开赴越南时，我被任命为美国第23步兵师下辖步兵营主任参谋兼副指挥。当时我刚从堪萨斯州莱文沃思堡美国陆军指挥与参谋学院获得一级荣誉学位，我欣然接受了这项任命。到达越南不久，《军事时报》上就刊登了陆军指挥与参谋学院5名最优秀毕业生的照片。师长看了《军事时报》之后，就调我前去担任师里的参谋，主管操练，负责由2000名士兵组成的整整一个师的战斗作业。这在平时可是一个中校才能胜任的职位[1]，而我当时不过是一名少校，我自然喜出望外。其实我原本只想待在步兵营就好了，不过我也没得选，师参谋的工作对我来说要求很高，也很吃力，但它锻炼了我，这也正是我军旅生涯的重要转折点。

几年以后，我成为了一名陆军准将，在一个步兵师里做旅长。我努力操练士兵，严格执行上司的命令，但师长并不看好我，对我评价很低，他的评语至今还存放在我的档案袋里。当时我差点儿因为这份评估报告终结了军旅生涯，但更多的长官注意到了我在其他一些方面的才干，提升我去做更有挑战性的工作。在那些岗位上，我都表现很突出。

在工作中应当竭尽全力，但这并不意味着你就得喜欢或者赞同老板的安排，有时你可以有不同的见解。在部队里，对于什么是一支队伍最重要的任务，你的长官可能会与你的认识完全不同。在我待过的一些部队里，高级长官看重的是续役率、逃兵率和参与购买国债等情况，我们这些下级军官则将主要精力都放在了部队的训练上。的确，从原则上讲，高级长官看重的问题非常重要；但从实际上看，这些问题与我们的具体工作有距离。不过我从不抗拒上级的首要意图；相反，我总是竭尽全力，

---

① 鲍威尔在早年的职业生涯中，因为工作认真、踏实、从不懈怠，屡次受到越级提拔。

坚决迅速地完成上级交代的任务。只有越快让上级满意，才能越干脆地避免他们唠叨个不停，我也才能尽快地全身心投入到我的工作重点中去。务实才是王道。

我在政府任职期间，受命负责国家最高级别的安全保卫工作，先后担任过国家安全顾问、参谋长联席会议主席和国务卿。不管做什么，我对待工作的态度都如同当年在斯克瑟家的小店一样：认真、敬业、毫不懈怠。

我做国务卿的时候，一切听从小布什总统的安排，我们并肩作战，取得了很多成绩，但我的工作很少得到认可。在那段时间里，美国与中国、印度、俄罗斯以及很多政治强国，还有一些潜在的政治对手都建立了良好的外交关系。美国为第三世界国家在疾病防治，包括艾滋病的防治等方面做的工作取得了空前的成效，同时美国也为其他发展中国家提供了医疗救助。"9·11"事件后，美国加强了国民安全保障工作，推翻了伊拉克萨达姆·侯赛因和阿富汗塔利班政权，但是这些国家的残留问题也暴露了我们在安全保障工作方面的严重分歧。2004年年初，也就是我任国务卿的第4年里，在我看来，小布什总统的国家安全顾问小组已无法有效开展工作，这一点我如实写进了报告里。显然我的立场和观点逐渐与小组其他成员格格不入，对我来说最好的选择就是辞职离开。当时我强烈主张总统在第2个任期内彻底更换国家安全顾问小组成员，并向他提出了这项建议，但他没有采纳。2005年1月我宣布辞职离开国务院，最终与小布什总统友好分手。

结束政府工作之后的几年，我走遍了大江南北，跟不同的人分享我的个人经验。我总是跟年轻人强调：世上99%的工作都是高贵的，但总有一些是低贱的，不管高贵与否，完成每项工作的过程都是我们学习的过程，在这期间我们会受益良多。

如果付出了，就要有所回报。不管有没有人注意到你，都要做到最好。不能让自己失望。

2. 扫大街的人

　　一直以来，我都努力控制自己，避免自负。我的妻子和3个孩子也给了我不少帮助，尽管他们平常不怎么待见我，但总能在我最需要的时候给予我支持。有一回，记得是八几年吧，我穿身迷彩服满脸疲惫地回到家，我女儿在看电视，当时她才12岁，她瞥了我一眼就嚷嚷道："妈妈，我们家当兵的回来了。"①

　　不管是在生活中还是工作中，很多朋友都提醒我不能自负。退休之后，我接到邀请参加波士顿的一个盛大午宴，并发表讲话。参加午宴的大概有2000人，与会者每人需要持有2张票，一张是入场券，另一张是餐券。到了宴会厅，侍应生护送我到靠近主席台的圆桌旁坐下，我看见一名女服务员把沙拉端到每位客人面前并要求出示餐券，她走来走去却没有给我沙拉。紧接着上第二道菜了，她再次走过我身旁，当时主席注意到了这个问题，他有点儿生气地对女服务员说："小姑娘，他就是科林·鲍威尔将军，前参谋长联席会议主席，我们宴会尊贵的客人，还是主要发言人哪，你都敢不给他上菜？"女服务员可不吃这一套，理由很简单："他又没餐券，不是吗？"主席实在没辙，只能立马找了张餐券给我，我这才吃上了，当时真是饿坏了。

　　我喜欢看人认真工作的样子。要努力不懈，因为人们时刻在注视着你，始终不能自负，不能骄傲，但要做到这一点还真不容易。

　　几年前，晚间新闻报道了一名清洁工的趣闻。这名清洁工应该住在费城，他是个黑人，每天都用老式的方式扫大街，推着两轮垃圾车、挥舞着

---

① 意为官做得再大，我也还是个当"兵"的。

毛鬃扫帚干活儿。他跟妻子和7个孩子住在一间普通公寓里，他家庭温馨，并对孩子们充满了期望。他很喜欢他的工作，很享受用这种方式服务社会。他人生中只有一个愿望，就是希望能够开上带着圆形电刷的垃圾清扫车。

最终他如愿以偿，开上了垃圾清扫车，他的妻子和孩子都为他感到骄傲，电视台也跟随清扫车对他进行了采访，拍下了他满意的微笑。他知道自己是谁、自己在干什么。

每几个月，我脑海里都会像放电影一样回忆起这个片段。想到这名清洁工对自己的工作很满意，对自己能服务于社会感到满足，对能有妻子儿女关心自己而感到幸福，我不禁问我自己：在履行生命中最基本的责任时，我有没有做得比他好？显然我没有他做得好，尽管我也还算是幸运和成功的，但他在生活这场游戏中把握住了最本质、最重要的东西。将来盖棺论定，抛开我担任过的官职和获得的军功章，这位扫大街的工人在某些方面肯定强过我，也强过其他许多人。

3. 一心忙事业的浑球儿

在越南服役期间我待在第23步兵师（新苏格兰师），并短时间地担任过战地指挥员。该师师长查尔斯·M. 盖迪斯少将，是一位出色的军人，我从他那儿学到了不少东西。盖迪斯少将沉着自信，从不大发雷霆，也不盛气凌人。他非常信任自己的参谋人员，但在需要乾纲独断的时候也从不含糊。

有一天，少将在和我聊天的时候谈到了另一位将军，这位将军德高望重，可少将对他的评价有所保留。"科林，将军这人不错，"少将对我说，"但也不过是又一个一心忙事业的浑球儿而已。他总是不停地干活儿，新点子层出不群，整天工作得昏天黑地。"

直到今天我对盖迪斯少将的这一真知灼见还深有感悟，并设法从中受益。他当时（应该是有意）给我指明了一条提升的道路。一直以来，我都在努力地推陈出新，在各个工作岗位上干个不停，但我也一直都在避免成为只知道忙工作的浑球儿。就像里根总统过去经常说的："人们都说忙不死人，但又何必真把自己忙死呢。"

这些年来我见惯了一心忙事业的浑球儿们……也许我不该叫他们浑球儿，不过盖迪斯少将的话已经深深地印在了我的脑海里。他们中大多数人是好人，不是浑球儿；他们只是拿得起、放不下而已。

一心忙事业的人总是深夜才下班，周末还要继续干。一大早新闻播报交通信息的时间他就来上班了，完全不顾及一大帮工作人员也必须在这一时间到达办公室才能提供他工作必需的支持，他们也必须像他那么玩儿命才行。

在担任各种高级管理职务的时候，我都会营造一种专业的氛围，定下严格的要求。如果工作需要，我也会要求下属连轴转；如果没这个必要，我就会要求他们正常上班，早早回家与孩子们玩耍，享受天伦之乐，或者访亲会友，读读小说，理理思路，哪怕神游，总之是放松自己。我希望他们在办公室以外还能拥有自己的生活空间。我雇用他们是想让他们高效率地工作，而不是在工作岗位上耗时间。只有张弛有度的工作氛围才能带来最理想的工作效果。

我总是亲身实践我所推崇的东西。业余时间我喜欢干维修的活儿，特别是喜欢修旧车，尤其是老式的沃尔沃。参谋长联席会议主席的府第坐落在华盛顿外，顺着一条河流往下走，是迈尔要塞的一座楼房，楼房建在山上，可以俯瞰整座城市。楼房后面90米处有3个车库，我做参谋长联席会议主席的时候车库里总是摆放着一些破旧的玩意儿——全是等着维修或者已经被拆成了零件的1960年产沃尔沃。周末，人们如果真有事要找我，那就只有去这些个车库——到某辆沃尔沃的底盘下去找。当然，如果他们只是想过来看看我或者跟我聊聊天，我也不介意，只要别让我停下手里的活儿就行。我喜欢研究废旧的引擎，查找它无法点火的原因，分析各种损坏的缘由，敲定其中一种，然后对症下药，将它修好。一旦点火成功，我就会喜笑颜开。不过要解决在办公室里碰到的难题就没办法采用这种直截了当的分析方法了。一旦车可以跑起来，我对它就再也没有了兴趣，我会花99美元让俄尔斯盖布汽车有限公司将车油漆一新，尽快把它倒卖出去了事。1989年美国进攻巴拿马的那个星期天，当作战室打来电话告诉我抓住了曼纽尔·诺列加[①]的时候，我就正在一辆沃尔沃的底盘下修车。

转头我做了国务卿，多次参与政府高级职位的招聘面试。有一次面试快结束的时候，一位非常有天赋的外事人员问我，如果他抽下午的时间出去散散步，我会不会介意。

"在我看来，你应该先回家，再散步。"我对他说，"我相信你自己知道该怎样安排工作时间，不用我弄张考勤表管着你吧。"

一个政府高级职员居然会问这样的问题，这说明我有必要向我的员工们表明我不是一个只知道忙工作的浑球儿。

教我处理这种问题的老师是弗兰克·卡卢奇。1981年里根总统的行政班子就职时，弗兰克被任命为国防部副部长，我是他的军事助理。弗兰克总会早早地从办公室下班，周末更会像躲避瘟疫一样避开办公室，这样一来我和他手下的其他人也就每天朝九晚五，按时作息，整个办公室办公效率极高。

1981年春，我说服弗兰克放我去野战军带兵。顶替我的是个工作狂，

---

① 曼纽尔·诺列加（1934—）：前巴拿马军事强人，1983年8月至1990年1月3日曾是巴拿马的实际领导人。

他每天工作到深夜。尽管弗兰克很少在周末去办公室办公，去了也不会待过一两个小时就走，但他的这位新任军事助理还是觉得自己有必要在周末待在办公室里。不用说，他加班加点，自然整个办公室的活儿也变多了，工作压力也越来越大，大家越来越紧张。那些工作都是些繁文缛节，其实真没必要，也没有意义。弗兰克发现他面前多了一堆他没要求签、没必要签和没想到要签的文件，他也被逼延长了工作时间。

1986年年底"伊朗门"事件①之后，弗兰克被任命为里根总统的国家安全顾问，我成了他的副手。我们当时的任务就是要重组国家安全机制，修补造成"伊朗门"事件的漏洞。即便在如此紧张、严峻的局势下，眼见着整个总统班子有可能下课，弗兰克还是保持了他常年养成的工作习惯。作为他的副手，我的工作任务之一就是关心他的健康，不能让他工作得太久。如果没出现什么紧急情况，任由他自己安排时间的话，弗兰克一般下午3点钟就下班了，然后他会去打打网球，就回家。他干起活儿来非常努力，他会把事情安排得井井有条，总能很好地完成工作。弗兰克带了个头，大家也跟着这么做。

等到我在政府高层干正职的时候，除非刚刚爆发了战争或者有其他火烧眉毛的事情不得不去处理，周末我也不去办公室。每到星期五我都会回家，即使有千斤重担，我也会丢在办公室里。回到家中，待在宁静的私人空间里，我才会变成一个高效率的人。我希望我的手下也这么做；当然，如果他们需要留下来继续干，那他们就继续干好了，但不要认为沉迷于工作会给我留下好印象，为这个加班加点真没必要。

里根总统在这方面做得也很得人心，不用别人提醒，他也不会工作太久。弗兰克·卡卢奇出任国防部长时，我接任国家安全顾问。就像早些时

---

① "伊朗门"事件：1985—1986年美国向伊朗秘密出售武器换取人质一事，该事件造成了里根政府严重的政治危机，因人们把它与尼克松"水门"事件相比，故名"伊朗门"事件。

候关心弗兰克一样，作为国家安全顾问，我的职责之一就是关心总统的健康，确保总统不会工作得太久。一天工作快结束的时候，我们会给他一个档案袋，里面是让他带上的要看的文件。平时他一般6点钟就上楼去和第一夫人待在一起了。星期五情况就更好，午餐后他会听国务卿乔治·舒尔茨的一周简报，总统会耐心地听着，但往往无精打采，并不上心。一到2点1刻左右，当白宫南草坪传来海军陆战队一号直升机降落的声音，他"腾"地一下就来了精神，因为到了去戴维营度周末的时间！他下午3点左右就会抵达戴维营，如果没有紧急情况，他会在那里一直待到星期日晚上。里根总统很少在戴维营招待客人，他会尽情放松自己，读一读参考消息和书籍，跟夫人一起消磨时光。这是属于他们的时光。当然，感谢主，这也是属于我们纵情休闲的时光，与家人安享天伦之乐，尽量放松自己，准备好迎接新一周即将到来的艰巨的工作时光。周末天下太平，总统用不着在办公室招呼大家干活儿。我们唯一头疼的就是总统在闲暇时光里看的那些个书。尽管我们已经加倍小心，仍保不齐他有些老朋友会时不时地往他的公文包里塞些稀奇古怪的书，结果是星期一一上班，总统就会问我们一些摸不着头脑的问题。有个星期一的早上，总统非常好奇地问：树木为什么也会造成污染？

里根总统喜欢在加利福尼亚圣塔菲城外的圣塔伊尼兹山的牧场休闲度假。去了那里，我们比总统还开心。我们住在圣塔菲美丽的比特摩尔海滨酒店，按要求穿上色彩斑斓的沙滩服。每两天我们这些高级幕僚就会聚在一起商量该向总统汇报些什么。我们只是打电话到牧场简单通报下情况，然后派人给总统送去情报、报告和文件让他处理。如果没有出现危机的迹象，我们都会自行处理好各项事务，然后在游泳池或海边游游泳，以确保在出现危机的时候我们能掌控一切。很少有人需要前往牧场向总统当面汇报情况，我只去过一次，是向总统汇报我们刚刚和苏联签订的要求我们减少核试验的协议。

我一辈子努力不懈，也希望我的手下不懈地努力，但我从不愿忙繁文缛节的事。很早我就领悟到，完整的人生不仅需要工作，还需要家庭、休闲、业余兴趣和处理好这一切的时间。我永远记得在做年轻军官时学到的一课："能走的时候就别跑，能坐的时候就别站着，能躺下就别坐着，能睡着就别睁眼。"

4. 友善无敌

很多年前，我曾在北弗吉尼亚的一所圣公会教堂里做过教区委员，尽管我的教龄很长，但我对教义了解不深。那时候，那所教堂的主教安排了一名年长的牧师担任他的助理，跟他一起讲道。当时这名牧师看起来情绪低落，没人知道他到底怎么了。不管怎样，我们还是高兴地接纳了他。对于他的到来，我们都表示了欢迎，当自己人一样照顾他、帮助他，没人打听他私下到底遇到了什么问题。

他跟我们一起生活了一年。在他离开前的那个星期六，主教安排他布道，我坐在自己固定的位置上听着。他讲得很好，其中有一句话深深地触动了我的心弦，直到现在都过去40年了，我对这句话还记忆犹新。在布道快要结束的时候，他环顾四周，面带微笑地对我们说："要保持友善，人们对友善的需求远远超过你的想象。"

这话其实是他说给自己听的，其中的道理非常简单：不要作秀似的表现爱心，而应该全心全意、充满激情、不计回报地友善待人。对人友善并不仅仅是对人友好，也是对那些值得我们尊重和爱护的人的一种认可。

很多年以后，我成了美国国务卿。有一天，我从华丽的办公室溜达出来，躲过戒备森严的安保队伍，溜进了国务院的车库。管理车库的都是些合同工，他们当中很多人都是移民和少数族裔，只能赚到比最低工资稍高一点儿的薪水。

车库很小，停不下所有员工的车，因此每天早上入库停车就成了工作人员的一大挑战，只能一辆车紧挨着另一辆车，停得密密麻麻，没有多少间距。如果1号车和2号车不离开，3号车就根本出不去。到了晚上下班的时间，前面的车不及时开出去，后面的车就会乱作一锅粥，难免有些性子急的人抓耳挠腮，急不可耐地等着走人。

车库的工作人员以前肯定没见过有国务卿在车库里瞎转悠，他们认为我迷路了。事实上我真的有点儿搞不清楚方向，不过我可不愿意承认。有工作人员上前问我需不需要帮助。"不需要，"我很坚定地回答说，"我不过想到处转转，跟你们拉拉家常。"他们都很惊讶，也很高兴地同意了。我跟他们聊工作，聊家乡，还聊到了一氧化碳给他们带来的影响，诸如此类的还聊了很多。他们说，他们生活得很好。我们就这样一直不停地闲扯着。

过了一会儿，我问了一个我一直很困惑的问题："每天早上这么多辆车停进来，到了下班时间，你们让哪辆车先出去，又让哪辆车后出去呢？"

他们会意地相视一笑。"国务卿先生，"其中一人回答说，"其实是这样的，在开车进来的人中，只要经过时摇下车窗，微笑地对我们说，某某先生，早上好，或者哪怕打个招呼，那他就会是下班时间第一个开车出库的。但是，如果进来时是那种笔直朝前开、看都不看我们一眼的，那他肯定是最后出去了。"

我谢过他们之后，微笑着离开，回去安抚那些因为国务卿失踪而抓狂的安保人员。

在接下来的职工大会上，我跟属下讲了这个故事，我告诫他们："要尊重和关心整栋大楼里的每个人。因为每个人都必不可少，都应该得到尊重。尊重是相互的，你敬人一尺，他必敬你一丈。"

　　这不是在给他们洗脑。事实就是这样，一个团队里人人都有自身的价值，每个人都希望自己能得到认可。每个人都需要被人欣赏，也渴望受到鼓励。每天晚上来我们办公室打扫清洁的人跟总统、将军或者国防部的长官一样，也应该受到尊重，我们应该跟他说谢谢，让他知道自己的价值。我想告诉车库的管理员：他们不仅仅是门卫，他们的工作很重要，离开他们我们就无法开展工作，我们需要他们。一个团队离不开方方面面的支持，有些工作很琐碎，但缺少了还不成。这一点很多领导者并不懂。

　　尊重下属是表达友善的最好方式。年轻的士兵在接受训练时碰到严格的教官，对他们来说就像一场噩梦。因为那样的教官会毫不留情地训斥他们、威逼他们，让他们受尽折磨，他们一提到他就胆战心惊。但一切都会发生变化，当训练快结束的时候，他们的憎恶和害怕都会消失，并会转化成其他的情感。因为教官在他们成长的每一步都陪伴着他们，教导他们、哄着他们、激励他们、激发他们连他们自己都不清楚的潜能和信心。到最后，他们想做的就是争取表现得更好，让教官高兴。到毕业的时候，他们已经与教官建立了难以忘怀的深厚感情。如果去问问哪个老兵有关以前教官的事，他都会如数家珍，娓娓道来。我就还记得55年前我在大学预备役军官暑期训练营的教官，他是一名参谋中士，名叫阿蒂斯·韦斯特博瑞。

　　为人友善并不是软弱或胆小。友善不是懦弱，而是一种自信。如果你一向待人友善、关心他人，即便你做了最令人不悦的决定，人们也会接受，因为人人都能理解你，理解你所做的事。他们会意识到你所做的决定是经过深思熟虑的，而不是任意妄为。

　　有句谚语是这么说的："对于全世界而言，你也许只是沧海一粟；但对于某个人而言，你可以成为整个世界。"

5. 做领导的就是来解决麻烦的

我早年的一位师傅汤姆·米勒上尉是个了不起的人。20世纪50年代末，他在驻德国第48步兵团第2装甲步兵营2连做连长，我是他手下的一名中尉排长，当时我是第一次到部队任职。汤姆是经历过二战和朝鲜战争的那批老兵之一，他们大多数是在战火中被提拔起来的预备役士兵或军士长，基本上是做不到将军的，但是，要知道，他们全都深谙当兵之道。

当时营连长官们要培训和指导刚上任的年轻中尉排长们，避免他们闯祸，直到他们能独立带兵。那时候也没有拜师收徒这类的说法，一般认为这就是营连长官们的工作。那段时间我们学到了不少东西，而学到东西最多的地方是晚上在军官俱乐部里，那还是一个愉快的学习过程。

一天深夜，汤姆上尉和几个中尉排长坐在酒吧里喝啤酒。我们都喝了不止一瓶，像往常一样汤姆比我们喝得要多。他看了看我们说："现在，你们听好了，我给你们讲讲这个怎么做领导。你们都自以为脑袋灵光，等到最后你们要离开连队升职的那天，你们以为所有的事情基本上都交代妥了：所有的枪支都清点过了，没发现溜号的，每个铺位都检查过了，你也训练了一整天。你以为所有的事情都搞定了，忍不住想夸夸自己。但是，好了，到了半夜，在没人看着的时候，出大事了。第二天早上，你就会发现有人干架了，四扇窗户破了，俩小子躺在医院里，一个家伙不见了，还开跑了一辆吉普。宪兵来了，在外面候着呢。你呢？你得吞下这苦果，一切又得重新再来。第二天又是检验你这个领导的新的一天。"

以后的50年里我经历了很多个这样的早上，我们那帮人都经历过很多个这样的早上。活着就会碰上麻烦事，要担责任就更会遇到麻烦。真要碰上了，你就得吞下这苦果，从头再来，永不言弃。做领导的就是来解决问题的，这是我的一个基本的人生态度。哪天你不能解决问题了，或者摆脱不了麻烦了，你这领导也就做到头了。如果你的办公桌上光溜溜的什么都没有，别人都不来给你找麻烦，那你就得着急了，那说明别人认为你没有能力解决问题或者根本不愿意面对问题，还有可能更糟糕，那就是他们认为你根本就不在乎这些。不管是哪种情况，都说明你的手下根本就不信任你了，你也不再是他们的领导了，不管你办公室的门上显示的职位多显赫，职称有多高。

所以，作为领导，你就得四下里走走，找找问题。你会发现问题的。

但光发现问题还不行，还要向你的手下和员工灌输有问题必须解决的理念。

1973年，我在韩国做营长。有一天，我对所有营连排指挥员和老班长训话，提到了部队里不断冒出来的一些问题。我认为这些指挥员没有认真关注和倾听士兵们的问题，对此我告诉他们我很不满意。那天下午，我像往常一样在营房里散步，转到简装宿舍背后的时候，听到营里最好的军士之一，绰号"地对地导弹"的沃克对排里的士兵列队训话。他大概是这么说的："现在听好了！上午我们因为你们的问题挨营长骂了。再不能出这样的事了。现在你们这帮笨蛋如果有什么问题的话，就给我滚出来，私下里跟我说清楚到底是怎么回事，我会立马给你们解决！你们，有没有问题？"我摇摇头，笑了。"导弹"沃克的手下有什么问题他都一清二楚，没有不知道的。

我是个闲不住的人，喜欢到处跑。我不愿意长时间坐在办公室里，从中尉排长做到国务卿，就像我的澳大利亚朋友说的，我喜欢四下里溜达。有时候要去哪里我自己也不清楚，所以我经常出现在一些让人意想不到的地方，像国务院的锅炉房或者五角大楼的警察署。在部队做指挥员时，有时候我会随心所欲地转悠，有时候我会定时定点地出现在士兵们活动的区域。下级军官、军士和士兵都知道在哪儿能候着我，跟我谈问题。这样一来，我就能发现很多在参谋人员提供的或者下级指挥官逐级上报的材料中很少乃至永远都看不到的问题。

我会调查清楚我所发现的每一个问题，但我处理问题的方式不会影响到正常的指挥体系。我得让属下放心，不会让他们因为有我在边儿上转悠而提心吊胆，并且我会把解决问题的任务首先交到他们手里……当然，如果他们本身就是问题所在，那就另当别论了。

问题必须解决，不能拖。藏着掖着，大事化小，绕着问题走，淡化问题，推卸责任，这些都于事无补。你必须做出实际有效的改变。你糊弄不了美国大兵，你糊弄不了车间工人，你也糊弄不了商店的收银员。他们知道什么地方出问题了，他们是最先发现问题的人。他们也知道哪些人不行，办事不力。他们就等着你发现这些问题，然后采取措施。如果你做不到这些，他们就会变得懈怠。如果你看不到这一点，或者看到了也不在意，不采取一些措施解决问题，那他们也就不会在乎你了。好的下属一旦相信你关心、在意他们，他们不仅会努力工作，还会关心、在意你。

有一个很老的笑话，故事发生在美铁公司（美国国家铁路客运公司）成立之前，那时节美国各地都有自己的铁路客运公司。有一天，纽约中央客运公司的老总收到了一封怒气冲天的乘客来信，信里该乘客说他坐卧铺从纽约市去水牛城，一路上被臭虫叮咬，不得安生。不到一星期他就收到了客运公司老总的道歉信，信写得情真意切："感谢您的惠顾。我们承诺一定解决问题。"乘客一时非常满意，但不承想从信封里掉出一张小纸片，那是老总写给他秘书的，不小心也给装进了信封。纸片上写着："给这傻帽儿发一封'臭虫信函'①吧。"

---

① 这里指客运公司问题多多，他们并不打算真的解决，只是给抱怨的乘客准备各种类型的道歉信，在形式上处理一下。

这些年我往下属的收件箱里扔过不少没有署名的信件，我一遍又一遍吩咐他们的话就是"解决问题"，因为"我可不会准备什么'臭虫信函'"。

6. 开战时领导者应该在哪里

成为国务卿不久，我意外地收到了乔治·凯南大使一封意味深长的来信。乔治·凯南是美国外交界的老前辈。我从未与凯南大使见过面，但我知道他是20世纪美国最具威望、影响力和远见的外交官。凯南的来信就像是来自外交界指挥部的火线报告，开信的时候，我还以为他会对当前的国际事务因时制宜地提出战略性建议，没想到整整3页纸他只是对我的新任命倾吐肺腑之言。

尽管当时凯南已经97岁高龄（2005年他101岁的时候辞世），他的行文还是言简意赅，充满说服力。就像知道我需要怎样的建议一样，他一上来就告诉了我他建言献策的依据，那就是他作为一个1925—1975年原外交事务署尚存的年龄最大的办事人员、一个拥有75年外交事务经验的外交官和历史学家、美国前国务卿乔治·马歇尔的门徒、著名的"马歇尔计划"的实际设计者之一、从莫斯科发出的"最长的电报"①的始作俑者、美国对苏联（直至其解体）遏制战略的制定者——他是一个刚直不阿、可以进逆耳忠言的人。但他的建议也经常被束之高阁，让他备感寂寞。人们一向敬重他，但并非总能接受他的意见。

---

① "最长的电报"：1946年2月22日，美国国务院接到了一份由美国驻苏联使官参赞乔治·凯南发来的电报，这份电报长达8500字，电报如此之长使杜鲁门总统为之惊叹，后立刻召回凯南对这份报告进行详细研究。在电报中，凯南对苏联的内部社会和对外政策进行了深入的分析，提出了对付苏联的一项长远战略，这就是最终被美国政府所采纳的"遏制政策"。

　　一番自我介绍之后，来信进入了核心部分，一开始就提到了美国成立之初合众国的缔造者们关于国务卿两大主要职责的认识。国务卿的一个职责是成为美国总统在外交事务上最可信也是最权威的顾问，另一个职责是管理国务院和外交事务署。接下来凯南直入主题：作为国务卿，如果你成天在世界各地飞来飞去，这两大职责恐怕一个也履行不好。在他看来，如今的国务卿们花了太多的时间飞往其他国家与外国领导人和显贵当面磋商。国务卿的基本身份是总统的外交事务顾问，而不是行踪飘忽的钦命大使。现代通信技术已足以让国务卿不必舟车劳顿飞赴世界各地就可以处理好外交事宜。凯南对职责所需、短暂离开华盛顿的公务旅行并无意见，但认为国务卿应该尽量待在华盛顿，尽可能以其他方式代替出行。

　　他接着指出，国务卿频繁出行绝不是一个是否待在华盛顿的问题。大使才是总统派往世界各国的代表，是各国依据国际惯例派出的政府间的正式代表。既然大使常年待在派驻国，他作为两国外交活动主要纽带的作用就应该得到加强，而如果国务卿或各类特命大使频繁到访，这种作用就可能会被削弱，因为既然可以邀请国务卿直接造访，又何必费时费力与大使交涉？

　　凯南信里对国务卿工作的理解与我履行这份工作的想法不谋而合，我完全接受他的建议。在我担任国务卿的4年里，我虽多次出行，但没有我的某些前任多，更远少于我的继任者们。康多莉扎·赖斯和希拉里·克林顿在这方面创了世界纪录。

　　不知出于何种原因，媒体，尤其是《纽约时报》，开始讨论我出访外国的频率。他们声称我出访的次数不够，认为我不应该在大部分时间里都待在华盛顿的国务院或者纽约的联合国总部里，而应该飞往世界各地，掀起一波波的热浪。

　　但没有一家媒体回答过这些显而易见的问题：为什么必须要出访呢？出访能完成什么样的国家使命呢？也没有哪家媒体来问我是否有待在华盛

顿的正当理由。

实际的数据就是，在我担任国务卿的第1年里我出访了37个国家，飞行距离长达14.9万英里……我从来没有龟缩在某个地堡里。

多年以来我一直频繁地出差，直到今天我还是有一半的时间花在旅途上。我并不喜欢旅行，多年以前我就对差旅失去了兴趣。我出差是为了处理事务，又不是享受人生。每一次出行都得是必需的，必须有目的、起作用。我天生就不怎么喜欢旅行，然而我参观过我想去的世界上大多数景点。任国务卿期间，我会晤外国领导人，参观学校，与孩子们交谈，参加各种文化庆典，但我很少流连于观光和购物。我使用电话和当时新兴的电子邮件以及手机与世界各国的外交首脑们保持联系，但我出席了每一次北约和欧盟会议，参加了亚太地区各次正式的首脑会晤，主持过美国各部门的会议，造访非洲各国的次数也远远超出我的前任们。

事实上，在我担任国务卿的4年里，有时当华盛顿出现一些重大的问题和需要做出一些重要决策时，我却待在12个小时飞行距离之外的外国某家宾馆里。"9·11"事件爆发时我在秘鲁，我们的拘留和遣返制度需要做出重大修改的时候我人在亚洲。我真希望那些时候我是待在华盛顿。

我对时间和行程的安排并非绝对正确。其他国务卿的安排也许更加合理。现如今与其整天待在华盛顿看着国务院，不如更多地出访他国，这样的安排对现在的国务卿来说也许更好、更合适。国务卿到访其他国家是一种非常特殊的正式访问，与私人访问和出席会议一样有着重要的意义。自18世纪以来，世界变了，国务访问只要几个小时就够了，再不用花数周乃至数月的时间，面对面的访问交流已非难事——说到底我们必须适应我们生活的时代。因此，有人说，凯南的建议是要把国务卿带回一个逝去的时代。

事无定法。每个国务卿、每个领导人都必须自行决定其工作的重心。国务卿最佳的工作重心应该放在参与国际论坛、维护双边关系、处理国务院的繁重事务和辅助总统的平衡点上。虽然副国务卿、助理国务卿和国务院各工作人员可以分担各项事务，但假如领导者能亲临现场，其作用会远胜电子影像，但领导者又分身乏术，一次只能去一个地方。

我解决工作重心问题、寻找最佳平衡点的做法出自我所受的军事训练和军旅生涯。部队上对这个问题的提法是"战场上指挥官的位置应该在哪里"，回答则是"能发挥最大作用和最能做出有效决策的地方"——指挥官应待在能决定战争胜负的地方。身先士卒，率领700名战士向山头冲锋的营指挥官可谓英勇无畏且能鼓舞士气，但与此同时他也就沦为了一名处在生死一线的步兵战士罢了。他无法纵观战场全局，没有待在可以对部队调兵遣将的位置；他不能与其他支援部队联络，无法请求更多增援，也无法向上级指挥部门汇报战况。按我们的说法，营指挥官端起步枪冲锋之时也就失去了对全营的指挥，他已经"孤注一掷"了（所谓"孤注一掷"是指指挥官不能灵活运动作战而置身于你死我活的白刃战中）。

当然企业老总们对"战场指挥官位置"的回答肯定与部队指挥官和国务卿的答案有所不同，但无一例外地都会选择"最能做出有效决策的地方"。能做出有效决策的地方不尽相同。企业管理人员有必要接触员工，亲身给予指导，因此他们应该经常下车间，了解工作进展，但接下来他们还是得离开车间，让工人、组长和车间主任自行工作，而自身须回到楼上的办公室为楼下的工作运筹帷幄，这就是管理者的工作性质。

企业老总的有效决策位置也许就在他们向世人展示即将面世的革命性新产品的电视销售会上——像史蒂夫·乔布斯，他在1984年为苹果电脑打出电视广告片《1984》，模仿乔治·奥维尔的科幻巨制《1984》，引起了很大反响；企业老总的有效决策位置也许是在讲台上向人解释为什么要对复杂的金融衍生品大量投资，或者解释为什么要投资研究次贷危机等等这样的事情上；也许也是在国会山——他需要上国会山，任由刚刚上任的国会议员一通猛批。

　　近来也有不少管理人员坐错了有效决策位置的例子。在2008—2009年经济衰退的过程中，当许多公司即将坠入地狱的时候，他们的总裁却正在参加桥牌巡回赛或是打高尔夫，他们既没有坐在自己的位置上做一些能影响局势的事，也没有各就其位做出能赢得战斗的决策。

　　当雷曼兄弟公司的最高管理层一次又一次地派出一名新上任的缺乏经验的财务主管向大家解释他们公司为什么会陷入财务黑洞，而他们自己却紧紧龟缩在办公室里的时候，我实在无法相信这样的解释。

　　要正确解答"指挥官位置"的问题，领导人需要运用个人经验，他需要对自己充满自信，对部下充满信任，还需要上级领导的支持。我在工作中时常问自己究竟哪儿才是最佳决策位置，我必须找到一个可以掌握真实情况的位置，一个可以掌控胜负的位置，一个可以灵活进退的位置。"沙漠风暴行动"①期间，我很少出现在施瓦茨科普夫将军设在利雅得的指挥部里，我就应该待在五角大楼以确保施瓦兹科普夫将军及其麾下50万大军能获得所需的一切后勤保障，并同样获得政治方面及公众舆论方面的支持。

　　战争开始一星期之后，公众的情绪开始变得摇摆不定。在第一天进攻取得胜利之后，公众看到巡航导弹无比精确地击中了目标，但在外界看来这场战争将一无所获，于是有人就问："战争为什么还不结束？"

　　我和国防部长迪克·切尼意识到必须平息这种躁动的情绪。当时我们的最佳指挥点既不是在我们各自的办公室里，也不是在战情室里观看战事进展，而是在楼下的新闻会议室里。我们召开了一个新闻发布会，会上切

---

① 沙漠风暴行动：1990年8月2日，伊拉克军队入侵科威特，推翻科威特政府并宣布吞并科威特后，以美国为首的多国部队在取得联合国授权后，于1991年1月16日开始对科威特和伊拉克境内的伊拉克军队发动军事进攻，史称"海湾战争"。1月17日，巴格达时间凌晨2时40分左右，驻海湾多国部队向伊拉克发动了代号为"沙漠风暴行动"的大规模空袭。空袭后，数以百计的飞机和巡航导弹从美国的各种军舰上、从沙特阿拉伯的陆地上，飞向北方和西方，袭击伊、科境内的轰炸目标。

尼对当时的战略及政治形势进行了精彩的总结，接着我就对军事行动的进展做出了分析，并在结束时高调宣扬了我们将伊拉克军队逐出科威特的战略决策。我对到会的记者们说："首先我们将对他们实施分割包围，然后我们将一举歼灭他们。"所有的新闻报纸都登载了我的这句话，电台和电视台更是将我的讲话广为传播。我们的目的达到了，我让人们知道了他们本该了解的情况，人们恢复了对我们取得这场战争胜利的信心，我和切尼终于可以从台前撤回我们的办公室里了。

　　二战时，美国陆军参谋长乔治·马歇尔将军非常渴望能指挥盟军登陆欧洲的总决战——是个将军都会希望能指挥这样一场"伟大的正义之战"。然而事与愿违，最后他曾经的门生、属下艾森豪威尔将军前去指挥了这场战役。之前罗斯福总统知道马歇尔非常想获得这次战役的指挥权，于是就找马歇尔座谈。谈话快结束时，马歇尔准备起身离开，罗斯福总统柔声说道："你要知道，要是你真的离开了华盛顿，我睡觉都不会安稳。"马歇尔是个伟人，他立刻明白了自己的位置——他不应该站在冲锋艇上率领部队在菲律宾破浪前行或者是在诺曼底登陆，他应该把这两个位置交给麦克阿瑟和艾森豪威尔。

7. 从地基到塔尖——提拔下属的原则

　　很多机构都像金字塔一样，领导处在最顶层，其他成员按职位高低依次往下排列，构成这种金字塔的地基的通常就是普通人，但所有人都是从这里开始爬上去的。如果把机构里的每个成员想象成构筑金字塔的材料，那每块构筑地基的材料都显得很渺小而微不足道，但越往上走，每块材料就越醒目。这样想来，这座金字塔的外部环境就是机构所处的环境。

　　随着时间的推移，有人逐渐从金字塔的底层往上爬，而且越爬越高。

在这个过程中，他们获得了经验、展示了才华，他们的能力、知识、阅历越变越多，作为构筑金字塔的材料其体积也越来越大，大到能触碰到金字塔的核心（领导、首脑位置）。很快，他们爬到了领导的位子。要想继续往上爬，继续壮大，那就只有让整座金字塔更加壮大。爬到最顶层的领导于是开始了解金字塔的外部环境。

在大多数机构里，选拔领导无非通过两种方法：一是从基层提拔，一是从外面调入。在部队里，指挥官都是从队伍里提拔起来的，比如说要选营长，那营长人选肯定来自部队，我们绝不会从IBMC（国际商业机器公司）调个人过来担任这个营长。

正在爬升的年轻人把大部分精力都倾注在他们所钟爱的、让他们备感温馨的金字塔上了，但他们对所属金字塔之外的世界一般难有深刻的认识。年纪稍大一点儿的人一定要学会了解外面的世界，要学会对国家安全保障做出自己的贡献，还要参加一些国际合作组织，如北大西洋公约组织，从中累积经验；同时还要关心政治，对国会、政府的民生机构、媒体和经济等也要抱有浓厚的兴趣。只有能做到这些的人才能继续得到提拔，到更重要的岗位任职。但如果他在新的岗位上不能做得更好，那他也就无法继续提升自己，也就会止步不前。

在部队里也是这样。比如说你还只是个年轻的步兵中尉，那说明你还待在金字塔最底层的某个角落里。作为中尉，地缘政治问题和经济问题不是你该操心的事，你的职责就是管理好自己和自己的那个排，管好排里40来号大兵，让你和你的兵时刻准备投入战斗。

过了一段时间，你苗壮成长起来了，开始升官了，从初出茅庐的小人物开始成长为一名精英。在金字塔里，你的作用越来越大。

又过了很久，大概过了15年，你已经做到了营长，与周围金字塔的材料开始显得不协调了。

于是你被派去高级指挥学院学习新的技能，学习指挥更大的队伍，学习如何与周围的部属合作。紧接着，你还可能会去攻读工商管理硕士或其他学位，这样一来，即便到了政界，你也可以大展拳脚。

又过了很多年，随着你不断地爬升，你拥有的知识、阅历、能力越来越多。你已经超越了很多同伴，哪怕他们也是那么优秀。不是谁都能爬到金字塔的最高层的，有的是因为不能符合不断变化、提高了的要求，有的仅仅是因为没有那么多的机会。

当你成了将军，你就不用佩戴以前那种步枪交叉标志的肩章了。一旦被提升为准将，他们就会给你一颗将星，让你戴上图案为一面红旗、中间一颗白星的肩章。在战地，你可以系上将军专用皮带，挎上将军专用配枪。这就好比你成了公司的副总，就不用成天在工地上打转儿了。

再过很多年，你爬得更高，戴上了更多的将星，再也不用直接指挥某支野战部队了。也许你已经爬到了金字塔的最顶层，成了参谋长联席会议主席，不仅要指挥陆军，还要管理其他军队事务。你的金字塔再也不只是"陆军金字塔"，而是涵盖各军种的部队金字塔，你就处在这座部队金字塔的塔尖上，不可能再往上走了。在塔尖之上，你大部分时间都用于跟外部世界打交道：处理与盟军的关系，安排与国际组织的合作，听候白宫的召唤。你的任务就是寻求机遇、发现危险、获取资源，作为最主要的部队发言人，反映军队的需求、渴望和意图。你会发现你与周围的金字塔变得关系紧密，不断与情报金字塔、经济金字塔、预算金字塔等等往来。

能爬到金字塔尖的人都异常努力，他们了解自己，不断进步；他们的眼光脱离了自身金字塔的束缚，投向了外部世界；他们把握住了机会，听从最出色的师傅的教诲，他们淘汰了同行的佼佼者，成为了事业上的幸运儿。

也许待在金字塔的塔尖并非快事。你需要面临严格的要求、巨大的压力，做出无数痛苦的决定，一旦犯错，后果不堪设想。你很容易成为众矢之的，从云端坠落。面对重重压力和无尽烦恼，不要忘记与塔身的联系；

即便在你眺望外部世界的时候，你也要始终保持与金字塔最底层的塔基乃至最遥远的角落的联系。如果不能了解塔基和遥远角落的状况，处在塔尖的你就会出错。

爬得高就可能会摔得惨。毕竟只有极少数人能爬到塔尖，且大多数人不用爬到塔尖也能起到自己的作用。这些人跟处在塔尖的人一样重要，一样衷心付出，一样为集体的成功做出贡献。评价一个人不是看他职位有多高，官衔有多大，主要是看他对集体做出了多大的贡献。

我见过很多本不该得到提拔的军官。不错，他们在以前的岗位上干得很出色，但别人高估了他们担任更高级职务的能力，结果让他们栽了跟斗。有些人在高级指挥岗位上面对千斤重担和人们殷切的希望时一蹶不振。我们在考虑提拔一个人的时候，当然要看重他在以前岗位上的业绩，但至少要同样看重他在新的岗位上圆满完成任务的可能性。要判断一个人的潜力并不容易，但如果在这方面积累经验，留心观察一段时间还是可以做到的。

我通常按"五五开"的原则评价要提拔的对象。所谓"五五开"，是指待提拔对象以前的业绩占百分之五十，他们必须展现出过人的能力，但这只是他们参与竞争的资本；另外的百分之五十归于我对他们干好更高层面工作潜能的判断，这种判断往往难以把握，是凭着我经年累月对一个人的观察做出的本能判断。我在这方面做得还不错，但也并非总是准确。我经常会犯错，有可能在评估时漏掉一些东西，有可能感情用事，也有可能是因为不够聪明。

在我的职业生涯中，我始终记得一个故事。故事讲的是一个老将军，他坐在军官俱乐部的酒吧里喝酒，喝到第三杯马提尼时，他有点儿恍惚了。这时候，一个刚刚提拔上来的少尉走进酒吧，看见了将军。他忍不住在将军身边坐下来，开始与将军交谈。老将军耐心地听小伙子说着，礼貌地回答了他提出的各种问题。过了一会儿，少尉终于问了一个他最想问的问题："您是怎么成为将军的呢？"少尉流露出不加掩饰的渴望神情。

"让我说，孩子，"将军回答说，"你得这样。首先要像老黄牛一样兢兢业业；不断学习，认真训练士兵，尽心照看他们；对上级和士兵都要忠心耿耿；努力完成每项任务，热爱部队；时刻准备着在任务中牺牲，为士兵献出生命。那就是你要做的所有事情。"

少尉轻声地回应说："哇，您是这样成为将军的……"

"不，这样你才能成为一名优秀的少尉。不断地做到这些，让他们看到你在这个职位上的成就再说。"将军说完这话，喝下最后一杯马提尼，起身走了。

当我还是一名年轻少尉军官的时候，我就热爱我的工作、热爱部队，我倾尽全力干好我的本职工作。我非常知足，没有人向我保证以后我能怎么样，我也没有期待有什么远大前程。有人告诉我，充其量做个中校吧，在部队服役20年后拿着半薪退役就不错了。所以对于以后发生的一切我充满了感激，我要感谢找的士兵成就了我的一切。因此，如果在金字塔上不能再往上爬了，知足常乐吧。要有这样的心理准备，我就是这样的。

8. 提拔人才不只看表现，还要看潜能

在部队里，我们经常面对业务评估，每年都有一堆评估报告要交，每次不管是我们换了工作岗位，还是换了长官，都要交评估报告。顶头上司要对我们进行评估，再上一级长官也要对我们进行评估，还要把我们跟他的其他下属做比较。我们在学校的表现被划出三六九等，连我们的配偶也会不声不响地受到评估，我们的军旅生涯中充斥着太多的管理评估。

原因很简单。这是因为在部队里，人才都是从内部选拔的，如果要选一名营长，通常都是从杰出的中尉中选出。即便选拔军士长，也不会从沃尔玛超市或赫兹国际租车公司找人，因为要把这些地方来的人训练成军人

实在太难了。有人跟我说过，100个中尉里才可能出1个将军，不过你知道是怎么选的吗？

其中，个人表现评估报告就会影响到选谁做将军，对个人表现进行评估是拔擢军官很重要的环节。在军旅生涯中，我们都曾出现在各种各样的评估报告里。

尽管个人表现评估报告很重要，但它绝非评价一个人的唯一依据。过去的表现说明不了什么，当然，如果过去的表现很一般或比较糟糕，未来也不可能表现得很突出；但如果过去表现很出众，未来表现突出的可能性会很高，不过，这也不是百分之百的事情。

不管在部队里还是在日常生活中，我们对一个人潜力的评估方法通常都很主观，甚至有点儿想当然的味道。"某某一直表现上佳"，"某某有做将军的素质"，"某某能力出众，早早就得到过提拔"，以及"某某能顶住压力做事"，等等，这些评价其实并不仅仅源于他们的表现。领导有时会发现少数人身上出类拔萃的地方。那么，领导到底会注意到被评估者的哪些方面呢？

首先，他们一定要在过去的岗位上有突出的表现。

他们总在不断地充实自己，绝不会止步不前。他们雄心勃勃，但绝不会冷酷无情。

他们曾出色完成任务，积极面对挑战，从而增加了阅历，丰富了经验。所以说不管他们在哪个工作岗位，都能表现得很突出。

他们主动学习新知识、新技能，以备将来升迁之需。

他们努力塑造良好的品格，讲道德，有勇气，正直而无私，他们会把这些品格一直保持下去。

他们自信、低调，随时准备接受新的使命，并且不会因此沾沾自喜。

他们与同事间保持着相互信任和尊重，即便那些同事很快将成为他们的下属。

但即便有人高分通过了如此严格的评估，他们还是有可能犯错误。

我认识一个军官，他以前是上校，后来被提拔为准将。但他辜负了大家的厚望，一天早上他在自己家的车库里自杀了，之前大家都没看出任何异常。他在做上校时工作出色，但是我们高估了他的能力。

虽然这个例子很极端，但在部队里并不罕见。有很多人能力有限，无法应对更高的职位。我认识的很多军官并不愿意升官，因为他们清楚自己承担不了更多的责任和重担。他们对现有的职位很满意，升迁会让他们感到困扰。

另一方面，我们也不能低估某个军官的潜能。

比方说有很多种行政职位，我们往往认为一个人做不好其中一个职位，那他肯定也做不好其他的职位。

迪克·奇尔科特上校是我担任参谋长联席会议主席时的行政助理，来我这里之前，大家对他评价很高，我连面都没见，就直接用了他。他比我小几岁，以前因种种原因曾多次与准将失之交臂。

迪克工作很出色，我觉得我应该给他升职。我意识到他以前有过两次升职的机会，但都没有成功，所以这次我必须列出他的其他才能，这样才有可能让他得到晋升职衔委员会的认可。我为他写了份评估报告，指出他有潜力成为军事教育家。最终，晋升职衔委员会认可了他，提拔他做准将。后来，他又升迁了两次，分别做过陆军军事学院教官和国防大学校长。退休时他已经是中将了，退休后又做了得克萨斯农工大学乔治·布什政府学院的院长。但可惜的是，迪克在2010年就去世了。

有时候，我会推荐某个人升职，但我清楚那是他所能做的最高职位了，不会再往上升迁了。虽然他有一些特殊的才能，我们需要他在高一级的职位上施展，但也仅限于此了。再也不能继续提拔他。或许是因为更高一级的职位不需要他的特殊才干，又或许是他并不具备更高一级职位所要求的能力。

当然也有变数，比方说选拔对象后来发展或提升了他的潜能，又或者更高一级职位的职责发生了变化，需要利用选拔对象的特殊才干。

领导必须了解下属，他有责任认可下属的能力，对下属进行培训、观察、教导、鼓励和评估，为单位培养下一代领导人物。

但是，领导不是神，领导对下属的了解和评估不可能百分之百地清晰，百分之百地准确，百分之百地肯定。领导也是人，是人就不可能完美无缺。领导应该多关注下属，跟下属一起工作，勉励有才干的下属，当然也要留意关注其他人。要始终准备好改变你对他人的看法，在与天生多变的人打交道时，没有什么板上钉钉的事情。

还有，领导们也永远不要忘记，有一天你有可能成为你下属的下属。

鲍威尔的秘诀

· 不管工作多辛苦，不管喜不喜欢做、喜不喜欢某个老板、喜不喜欢工作的环境和伙伴，我都会竭尽全力做到最好。

· 在工作中应当竭尽全力，但这并不意味着你就得喜欢或者赞同老板的安排，有时你可以有不同的见解。

· 只有越快让上级满意，才能越干脆地避免他们唠叨个不停，我也才能尽快地全身心投入到我的工作重点中去。务实才是王道。

· 不管做什么，我对待工作的态度都如同当年在斯克瑟家的小店一样：认真、敬业、毫不懈怠。

· 很早我就领悟到，完整的人生不仅需要工作，还需要家庭、休闲、业余兴趣和处理好这一切的时间。我永远记得在做年轻军官时学到的一课："能走的时候就别跑，能坐的时候就别站着，能躺下就别坐着，能睡着就别睁眼。"

· 要保持友善，人们对友善的需求远远超过你的想象。

· 不要作秀似的表现爱心，而应该全心全意、充满激情、不计回报地友善待人。对人友善并不仅仅是对人友好，也是对那些值得我们尊重和爱护的人的一种认可。

· 活着就会碰上麻烦事，要担责任就更会遇到麻烦。真要碰上了，你就得吞下这苦果，从头再来，永不言弃。做领导就是来解决问题的，这是我的一个基本的人生态度。

· 好的下属一旦相信你关心、在意他们，他们不仅会努力工作，还会关心、在意你。

· 企业管理人员有必要接触员工，亲身给予指导，因此他们应该经常下车间，了解工作进展，但接下来他们还是得离开车间，让工人、组长和车间主任自行工作，而自身须回到楼上的办公室为楼下的工作运筹帷幄，这就是管理者的工作性质。

· 评价一个人不是看他职位有多高，官衔有多大，主要是看他对集体做出了多大的贡献。

· 我通常按"五五开"的原则评价要提拔的对象。所谓"五五开"，是指待提拔对象以前的业绩占百分之五十，他们必须展现出过人的能力，但这只是他们参与竞争的资本；另外的百分之五十归于我对他们干好更高层面工作潜能的判断，这种判断往往难以把握，是凭着我经年累月对一个人的观察做出的本能判断。

我赢定了：鲍威尔生活和领导的艺术
It Worked for Me:
In Life and Leadership

5. 比起坐办公室的，我更看重一线工作人员的意见

6. 一定要有些有个性的下属

4. 不要放过任何一个错误

3. 言传身教

2. 相互尊重

1. 用人不疑

第三章
带队伍的艺术

1. 用人不疑

　　老布什总统就职后不久，国务院着手安排他的第一次出国访问，也就是与墨西哥时任总统文森特·福克斯会晤，会晤的地点设在福克斯总统的牧场。双方有许多重要问题需要磋商，内容涉及移民问题、边境管理、毒品问题和双边贸易往来。

　　作为这次出行的准备工作之一，我请布什总统前往国务院听取关于墨西哥问题的汇报。这是他就任总统以来的第一次国务访问，我知道这也会让我的队伍士气大振。总统欣然接受了我的建议。

　　在第二天的办公会议上，我交代了我认为汇报工作应该涵盖的内容，并让两位年轻的墨西哥事务办事人员负责向总统做汇报，这些平时还要负责端茶送水、专门处理文案工作的年轻办事人员应该比其他人更了解墨西哥的具体情况。到了向总统汇报的时候，我无须向总统介绍他们；高级职员像助理国务卿和副助理国务卿也都不用发言。我的下属们面面相觑，一脸的困惑。"那您准备什么时候先让我们演练一下？"他们憋了一段时间终于开口问了，"您什么时候检查一下他们的幻灯片？"

　　"不用演练了，"我告诉他们，"我也不用看幻灯片了。"说实话，我觉得这种情况下用不着幻灯片，如今演示文稿也可以免了。两个年轻的办事员只需要坐在会议室里，与总统隔着办公桌面对面，告诉总统他们所了解的情况以及总统需要注意和记住的事项。

我一点儿也不担心。我没有见过这两个办事人员，我连他们的名字都不清楚，但我相信他们会把一切准备好。从布置好任务直到向总统汇报的那天，他们都会兢兢业业、扎扎实实地准备，向领导和驻墨西哥美国大使馆咨询，阅读所有相关资料，等待那重要一刻的到来。他们可能要少睡一会儿，要比平时紧张一点儿、兴奋一点儿，他们的配偶则肯定会向他们所有的亲朋好友打电话分享这个好消息。

事实上，整栋大楼都炸开了锅。我想象得到。我就希望是这样。

那一天终于来了。总统和他的班子成员走进会议室，在巨大的圆桌对面找着各自的座位坐了下来。这张桌子可是有历史意义的，1983年在弗吉尼亚威廉斯堡召开的西方七国首脑峰会用的就是这张桌子，桌上相应的位置还保留着当时坐在那里的领导人的铭牌。

我首先向总统问好，向他介绍了我这边的主要负责人，然后介绍了那天的两位主讲人，接着由他们向总统做汇报。当然，我事先已经简要地向总统汇报了我的安排，总统非常乐意扮演好他的角色。两位办事员开始做汇报了，他们干得很出色，跟我预期的一模一样。他们告诉了总统在飞往墨西哥前需要了解的所有事项。总统问的一些非常尖锐的问题也得到了充分、扎实的回答。汇报结束的时候，总统表示非常满意，微笑着与每个人握手、致谢，然后带着所有的随员迅速离开了。我敢保证会后两个办事员一定是冲回办公室给家里打电话去了，他们办公室的同事全都聚在一起，兴奋地谈论着汇报的情况。

这就是我要的结果。国务院里的人过电一样迅速把话传开了："新来的国务卿信任我们，总统也信任我们。"过去10年中，有好几十位当年国务院的工作人员都跟我提到过这件事。

我主张领导到了一个新的单位一定要相信属下，除非你有不能信任他们的依据。你信任他们，他们就会信任你，这种联系上下关系的纽带会随着时间的推移而加强。他们会努力工作以确保你圆满完成任务；他们会保护你、支持你，他们会关心你、爱护你。

这不是一个构建上下级相互信任的童话故事。如果汇报工作出了纰漏，我立刻就会意识到我面临着比我想象中严重得多的问题，也许我就不得不采取大刀阔斧的解决措施了。不过，我并不习惯在接手一个新单位时把它想象得太糟糕，我倾向于认为我之前的单位领导智慧过人、积极努力，将单位管理得很好。很早以前，我就学会了不要像约翰·贝鲁西①一样，在《周末夜现场》的滑稽秀里拿把日本武士刀一通胡砍，那样容易伤着别人。那样做只会让人警惕你，时刻提防着你，让人担惊受怕。拿着刀在职场里乱砍一通的人会被人看作神经病，在职场里打拼的小人物都会群起而攻之。

也还是待在国务院的那些年，有一次我问我这条线上的一些得力干将，就是我的那些助理国务卿，他们是不是不愿意去国会山与议会成员打交道。大家都把手举了起来，谁也不愿意去国会山。我可以理解，但不能接受。我还要继续我的工作，我告诉他们我独自挑起这副担子太沉重了，我需要他们为我分担。他们不愿意去国会山，那是他们害怕到国会山会说错话，回到国务院会惹麻烦。我告诉他们，我会让他们明白行政管理工作在日常国家事务中的作用，我希望他们能充分发挥这些作用，我也相信他们会发挥这样的作用。他们用不着事先跟我打招呼，可以直接去国会山，了解议员们或者议会那些委员会的要求，对议员提出的问题要始终抱着"您能问这样的问题真让我高兴"的态度，毕竟议员是公众的代表，我们是人民的公仆。我告诉我的助手们，如果你们惹上麻烦了，那就让我们一起来摆脱麻烦，谁让我们是一个团队呢。

---

① 约翰·贝鲁西：1949年出生于美国，青年时代为摇滚乐手，因有模仿名人表演的天才而进入百老汇，因在喜剧节目《周末夜现场》的出色表演而成为当时的喜剧明星。

有些时候我们也需要态度强硬，采用铁腕手段。

1986年，"伊朗门"事件差点儿导致里根总统下台，弗兰克·卡卢奇、霍华德·贝克、肯·杜伯斯坦和我被招入国家安全委员会，与白宫办公厅主任一起努力消除"伊朗门"事件的影响。我们做到了。其间我们解雇了很多人，但我们信任那些留下来的人，新来的人和留下来的人在相互信任的基础上合作默契、相处愉快，共同承诺让总统圆满完成剩下2年的任期。我们也圆满完成了这个任务。

我刚刚参军那阵儿，被派去本宁堡接受士官基础训练。学业快结束的时候，一位很有思想的老班长对我说："鲍威尔中尉，你前程似锦。也许你会在军队里出人头地，那么就让我来告诉你一点儿做领导的艺术。你要知道，如果你带的兵愿意跟随你，那你就是一个好上司，但他们可能只是出于一种对你的期待。不错，你是训练过他们，给他们发了武器装备来完成作战任务，但他们期待的是有一天他们面临生与死的考验，他们生死未卜、十分害怕，你能带领他们走出困境，那时他们会紧跟着你，一同完成任务。"

老班长说的其实不是期待，而是信任。士兵们愿意追随你那是出于一种信任，他们追随你，那是因为他们相信你，基于这种信任他们知道他们应该做些什么。所以作为指挥官，最重要的事情就是要让队伍相互间建立起信任，在指挥官和指挥官之间、下属和下属之间以及指挥官和部属之间建立起信任感。当然，你首先要让自己成为一个无私且信任下属的指挥官。

2. 相互尊重

上级对下属拥有绝对的权威。上级可以要求下属服从安排，对不服从安排和达不到预定要求的下属有权采取行动，如解雇、降薪、降职等等。

部队里对不服从命令的部下有更为严厉的惩罚。

能让下属服从安排可以使工作进展顺利，但光强调服从不可能让他们全身心投入工作。光强调服从不会让部下产生荣誉感，不会激发他们追求卓越的工作热情。要养成集体荣誉感，要培养追求卓越的激情，就必须让大家感觉是处在一个有出色领导的集体中。要形成这样的集体，下属必须尊重领导，反过来他们也相信领导必然会尊重他们；要形成这样的集体，下属必须信任领导，反过来他们也相信领导必然会信任他们。人都需要一种价值认同感。

管理一条流水线兴许不需要线上工人的尊重，工人们完成定额，然后领取计时或计件工资，这是他们和工头之间说好的交易。他们参与机械工作，领取自己应得的报酬。

即便是在工厂的流水线上，上下级之间的尊重和信任也能激发线上工人的积极性，让他们有超水平的发挥而不至于偷懒、懈怠。

做领导的不能命令下属给予自己尊重，领导只能努力赢得下属的尊重。对领导的信任只能是下属自发给予的。

做领导的要了解和尊重下属，要通过自身的能力和以身作则来赢得下属的尊重。但领导和下属之间也需要保持一定的距离，不能走得太近。下属希望领导无私而不是自私，他们希望领导在道德和现实生活中都充满勇气，始终朝着正确的方向迈进，在事业上也要有这样的冒险精神。他们希望领导态度强硬但赏罚分明，永远不辱骂下属。领导不仅要成为下属的偶像，还要激励下属为他人做出榜样。

当一个集体形成了这样的氛围时就会产生激情，你会感受到这一点。下属会关心、爱护你，努力争取让你和集体成就伟业，他们会把那份激情转化为争取胜利的行动。

1974年在韩国一个阴霾的天气里，我们营奉命"立刻"到营区电影院集合，去听来自五角大楼的一位长官训话。但我们事先没有接到任何通知，就突然得令在20分钟内完成集合。当时全营散落在各自的岗位，但我刚一张嘴想要向长官抱怨就被打住了，他说我在浪费时间，让我立刻执行命令。

我们到时电影院上了锁，于是我们找了把斧子把锁砸开才进去。士兵们被从营房各处叫到了那里，一些去其他营溜达的士兵也被紧急召回，我们甚至从两名宪兵手上把一个要押去禁闭的大兵也给弄了过来。我们踩着点儿在电影院里坐满了，五角大楼的长官来了，他就种族关系问题发表了10分钟的讲话，然后就走了。

摸不着头脑的士兵们松松垮垮地走出了电影院，弄不明白这到底是怎么回事儿。我心情糟糕透了，想着那些士兵肯定在嘟哝着部队里的这些操蛋事儿，骂着他们的傻蛋营长。我正往办公室走着，连里一位一级军士长走过来开心地跟我打招呼："嘿，长官，今天又是当兵的好日子，对吧！"

"什么呀！"我回答说，"我刚刚硬拉着全营官兵去看了一场很狗血的表演。"

"唉，长官，没事的，"他说，"手下们心里有数。他们知道你也没办法，只能让他们去，你自己肯定不会出这种馊主意。他们懂你。"

我心情立刻舒展了，他的开导比什么都让人开心。

如果你想给予下属尊重，那你首先得了解他们。我刚做中尉排长的时候，别人就告诉我一定得尽量了解你所带的那几十个兵。我随身带着一个笔记本，里面每几页记录一个士兵的资料，包括他的姓名、出生年月、编号、枪械编号、家庭成员、故乡、文化程度、特长、晋衔日期，还有我对他的表现、行为、长相、志向和优缺点的第一印象，以及以后的认识。

等到后来我官做大了，不可能每天与所有属下接触了，一个小小的笔记本也就不管用了，我就靠助手们交给我的第一手资料了解手下的每一个人。我不喜欢听正式的汇报或者看报告，我喜欢了解未经过加工的事实。谁顽皮，谁表现好，谁能激励手下，谁又遇到了家庭或情感问题……我竭尽所能了解人们不想让我知道的这些信息，因为我要知道这些会不会影响他们的工作表现，我要确保他们能完成我想要他们完成的任务和期望他们能完成的任务。我要知道他们是不是跟我一条心，能不能齐心协力。

在任国务卿的4年里，我竭力了解每一位驻外大使，因为那是总统最主要的驻外代表。我会让他们每个人都在有大批亲朋好友参加的正式仪式上宣誓就职，并且我会前去发表讲话（当然如果他们就职时我在国外，则另当别论）。我共主持了145场这样的仪式，我认为这是一个真心发誓、确立我和各位大使之间相互尊重和信任的方式。我明确地告诉所有大使，他们随时随地可以直接跟我通话，一周7天，无论我在家还是在办公室，再忙我也会接听他们的电话。

他们就职以后，我会密切关注他们的表现。我那些负责地区事务的助理国务卿会告诉我相关地区大使的表现，特别是当那些地区出现问题的时候。我则会相应地向总统汇报他们的表现。有3次我从非正式渠道了解到了信息，就在正式渠道发现问题之前不动声色地撤换了大使。

另一个赢得下属尊重的必要因素是领导自身的工作能力。如果当领导的对自己的工作不熟悉，自己都干不好，就别指望下属会尊重你了。就像当年，我在笔记本上给我带的每个兵都记下一页，我相信他们每个人也会在自己脑海中的笔记本上给我记下一页。这位中尉排长看起来行吗？在军事技能考核中他能跟上我们吗？他的射击和坦克驾驶技术能跟我们比吗？他关心我们吗？会愿意听我们谈问题吗？他会出卖我们吗？他是个硬汉还是个软蛋？他会聊上司和其他同级军官的八卦新闻吗？他会保护我们吗？他会承担责任、分享荣誉吗？他讨人喜欢吗？等等。

我相信我的那些助理国务卿私下里交流他们对国务卿的看法时要衡量的方面更多。

领导必须了解下属，领导必须能力出众，并且领导作为一个人，他自己也需要私人空间，一个仅限于他个人、下属不得入内的空间。领导和下属要保持一定的距离。伊索寓言里有句名言："太过熟悉，滋生轻蔑。"更确切地说，让下属跟你走得太近会让他们感觉与你起平坐，不再心生敬重。长官当然应该与士兵同甘共苦，但他始终是长官。领导应该始终保持一种深不可测的光环。

尽管每个领导都希望受到员工的喜爱，员工也都希望能有一个招人喜欢的领导，但这种喜爱无碍大体。领导受员工喜爱自然能使工作开展得更顺利，但如果员工对领导缺乏尊重，那一个机构就可能难以正常运作。喜爱应该源自尊重，而不是因为领导总是努力扮老好人，巴结下属。他们并不非得让你平易近人。

领导和下属一定要保持一定的距离。下属就是下属，是你的部下，不是你的哥们儿。如果你跟他们没有了区别，如果你不让他们清楚自己能干和不能干什么，他们就不需要你来领导了。

我经常听到一些可劲儿吹牛的领导说大话："我们单位的员工棒极了！没我，他们照样转！"那样的话，他们还要你做什么？领导总是要站在高处，但也不能脱离下属。领导要设法与下属打成一片，但不能与他们一起出去厮混。领导应该与下属建立友谊，但不能过于亲密，永远不能让下属以为可以在你面前胡来。

最后，真正的领导力和不变的尊重是在点点滴滴中建立起来的，是从基层、从普通大兵那里建立起来的，而不是居高临下可以要求得到的。

20世纪70年代的一个晚上，我开着车回肯塔基州坎贝尔堡，当时我担任驻扎在那里的101空降师第2旅的旅长差不多有1年了。我看到夜色中一名士兵正朝着营房大门走着，他大概跟妻子住在营房外的简易住宅区。我叫住他，让他搭了个便车。

"你怎么这么晚才回营房啊？"我们一起往回赶的时候我问他。

"俺跟伙计们这段时间忙着呢，准备迎接马上要来的那些大官的阅兵。"他回答说。然后，他看了看我，问我："长官，您哪位呀？"

听到这个问题，我大吃一惊，说："我是你们旅长啊。"

"您担任旅长多长时间了？"他又问。

"1年多了。"我回答说。

"这活儿好干吗？"他再问。

"当然，好极了！"我接着回答说。天！1年多了，我访遍了旅里所有的角落，这里居然还漏了一个兵，他居然还不认识我。这就麻烦了。

"你觉得你们在这次阅兵中会有什么样的表现呢？"我问他。

"俺们的表现肯定棒，"他回答说，"这几个星期俺们都忙着呢，俺们连长、排长、班长都在督着俺们拼命呢。他们跟俺们说这次阅兵重要着呢，他们也跟俺们一样拼命操练。"之后他又淡淡地说了一句，"俺们可不能拖累他们。"这就对了。

我是旅长，但在他看来，他的战友和他的那些个班长和连排首长才是他的家人，因为他在他们手上得到训练和提高，是他们照看着他。相应地，这种关照和家庭式的温暖又会扩散开来，升腾，逐级向上辐射，最终让我也能感受到这份关爱与温暖。任务是从最基层开始完成的。

最让我感动的是他说的那句话："俺们可不能拖累他们。"这是当头儿的能收到的最美好的心愿了，这也是你的工作表现能获得的最好的评价。这支部队的长官已经带出了一支能打胜仗的队伍，一支建立在官兵相互信任和尊重基础上的队伍。队伍里的每个兵都不会掉队，谁也不会让谁掉队。这支队伍会不断向前，在指挥官的带领下完成一个又一个任务。士兵们爱护你，你就得时时刻刻爱护他们。

3. 言传身教

我喜欢看自然类电视节目，尤其是动物类的，所有关于哺乳动物的节目我都会看，特别是有关狮子的节目。

幼狮仔在母狮子生下它们的时候眼睛都睁不开，之后它们会一直跟狮妈妈一起住在温暖的小窝里好几个星期，直到眼睛完全睁开。其间狮爸爸通常会外出觅食，狮妈妈待在家里喂养自己的孩子。过几个月，小狮子长大了些，狮妈妈就开始允许它们出去转转了，不过狮妈妈会一直紧盯着它们，怕它们跑得太远，万一有顽皮的小狮子想走得更远，狮妈妈立刻就会把它拖回来。

再过一段时间，小狮子们又长大些，就逐渐学会了抢占地盘。之后，狮妈妈就会带它们出去转，教它们如何觅食，不过在它们学习的这段时间，狮妈妈还会继续为它们提供食物。

到了2岁，小狮子开始学会独立。它们首先要通过观察父母和家族其他成员的行为来学习狮子家族集体的智慧。它们要学会如何生存，学会如何在狮群中出类拔萃，还要模仿成年狮子的方法觅食……成年狮子会慢慢引导它们，使它们能够循序渐进地掌握各种本领。然而一旦被父母抛弃，尤其是没有妈妈，小狮子肯定活不长久。

我也喜欢大象。

我至今还记得很多年前在《国家地理》杂志上读到的一篇文章，那篇文章是关于大象的，直到现在有些杂志还经常转载这篇文章。文章说的是几只未成年象离开了象群，迁移到了荒凉的自然保护区；此后它们开始野蛮生长，没过几星期，就变得非常具有攻击性，甚至开始袭击和猎杀犀牛，要知道犀牛并不是它们的天敌，它们体内的雄性激素让它们失控了。

　　保护区管理员担心，长此以往恐怕只能杀死这些大象了。但他后来想到了一个更好的办法，他们迁来了几头成年象。成年象在这些未成年象面前做出了表率，很快，未成年象就安定了下来，也明白了象不应该猎杀犀牛。未成年象体内的雄性激素也降了下来，因为它们领悟了无数个世纪以来大象积累的生活经验。

　　大象不会说话，但我能想象得出它们是这样交流的："嘿，小家伙，我们大象不吃犀牛。"或者说："别逼我过去用鼻子教训你。"

　　我曾经得到的最好的建议不是来自别人，也不是什么格言警句，而是来自我的父母。他们对我谆谆教诲，给我讲古老的童话故事，传授我们家族几代人积累的生活经验。他们的言传让我受益良多，他们的"身教"让我懂得了生活的真谛，让我获得了人生中最宝贵的财富。父母的告诫，孩子有时听，有时不听，但父母为人处世的方式总能潜移默化影响到孩子。

　　"己所不欲，勿施于人"，这个道理亘古不变，当孩子看到父母经常帮助有需要的人时，他们也会受到感染；当父母双方相互尊重，家庭和睦温暖，孩子也会得到熏陶，长大后一定会努力营造同样的家庭氛围。

　　人类是不是唯一容易忘本的哺乳动物呢？活着活着就忘了自己是谁？忘了人与人之间需要相互依赖而生存？忘了家族经验的重要性？恐怕人类真的忘记了我们本就是哺乳动物。

　　人类从来都不是可以孤立生存的物种。几万年前，人类生活在非洲大草原，没有人独处一处，而是成群结队地生活在一起；各个家族以及部落成员一起学习，一起提高生活能力。人类从来都是需要相互依赖才能生存，这一点到现在还是一样。

　　在部落里，成年人都会向孩子们教授世代相传的经验和技能，而孩子们知道他们的家就是族群，那是他们永远不变的家。他们属于部落，部落会保护他们的安全，给他们指引生活的方向。他们必须了解这一切，在部落的支持下，他们开始受教育。

刚出生的小孩，通过辨别声音认出妈妈，这就是学习的开始。他们在一个舒适的环境里长大，在那里，父母和家人教他们学习，帮他们改正错误，关心爱护他们。父母总是从孩子很小的时候就教他们长大后要为家族争光，教他们一定要尊敬师长。人们知道，如果一年级的小学生不会读书、不能识字、不能分辨颜色、不会看时间、不会系鞋带、不懂得尊重他人、不懂得辨别是非，那么到了二年级，他肯定会落后其他同学一大截，即便想要迎头赶上，也肯定要花很长时间，所以他就可能一直落在别人的后面。实际生活中，这样的事情非常普遍。

不过，出现了这种情况还是有办法弥补的。有些针对少儿的培训项目如"启蒙计划"和"课外活动设计"，以及一些请优秀老师、辅导员或成功人士来教育落后孩子的方法，就可以帮助这些落后的孩子成长，迎头赶上。

最关键的是，要想成长、成才，孩子们首先要学会敢做敢当。勇敢地面对困难并克服困难，是生活不可或缺的一部分。

这些都不是什么复杂难懂的道理。像我，如果没有我家人和家族中的人做出光辉的榜样，我也不会获得今天的成就，他们总是在孩子们面前"树立起能照亮前路的灯塔，指明正确的方向"。

我曾看过一档电视节目，讲的是美国丹佛市阿鲁佩基督教高中的71名毕业生都考上大学的故事。节目组着重采访了其中一名叫乔斯的学生，他是在毕业典礼上致告别辞的学生代表，也是他家里唯一读完高中的人。

"你是怎么考上大学的？"记者问他。

"我做事只允许自己成功，不允许失败。"乔斯的回答很简单，"大家都拼命鼓励我，他们都相信我，所以我也相信自己，我绝不会让他们失望。"接着他又说，"我做到了家人从未做到的事，他们会为我感到骄傲。"

是的，他的确做到了，我们相信，以后他会更优秀。等他有了孩子，他的孩子也会追寻他的足迹，努力追求成功。

军队虽不是什么部落，更不是什么牧群，也不同于一个家庭，但与它们也有相似之处。部队里的长官就像教育孩子一样训练年轻人；不过，军队的要求更严格，只有在严格的纪律下才能培养出优秀的军人。在部队里，军士长会把刚征召入伍的生瓜蛋子训练成遵守纪律、服从命令的军人，他们就是部队里那些经验丰富的长者，会带领新兵去走一条军人的必经之路。

首先，新兵要学会队列操练中的立正，这会让他迅速融入纪律部队并且能让一帮子新兵服从指挥、步调一致。如果教官喊"向前看齐"，第6行的乔向左看了，那他所在的那个排都会觉得丢人，那就都是乔惹的祸。惹了祸立刻就会被发现，也会立刻受到惩罚。

新兵都顶着统一的发型，穿着统一的服装，谁也不能例外，谁也不能特殊对待。

教官应严格训练新兵，新兵对所有问题只能有3种回答："遵命，长官""不，长官"和"保证完成任务，长官"。比如，教官说："不管你们脸上已经被刮伤过多少次，你们都还是要刮胡子，听明白了吗？"

"保证完成任务，长官。"

对你们家16岁的孩子这样试试，鬼才听你这一套。

这样地狱般的训练持续了几星期之后，新兵开始排斥和厌烦教官，但令人欣喜的是他们居然开始会主动学习了。等训练完毕了，他们绝不会再憎恨教官，相反，他们都想用优异的成绩让教官高兴。毕业后，他们就会跟教官分开，但他们永远也不会忘记辛苦训练自己的教官。

在参议员泰德·肯尼迪生前，我曾经问他是否还记得自己入伍时的教官，他说当然记得，然后他拉着我兴致高昂地讲他和教官的故事，足足讲了半个小时。

1989年的时候，当时我作为美国陆军司令部司令去得克萨斯州布里斯堡的陆军防空炮兵学院视察武器系统。

在"爱国者"导弹体系演示开始前，一名不到19岁的拉美裔士兵在控制台前向我做了简短的汇报，我也简单跟他聊了一下。他带点儿地方口音，我很好奇他是哪儿的人，没想到他跟我一样是从纽约公立高中毕业，也是个街头小孩，他已经在部队里待了一年半。

他的演示毫无破绽，他详细讲解了控制台的各个部件及其功能，雷达的探测范围和导弹的发射距离，雷达能够探测到的目标数量和电力情况。不过，我对这些技术性的细节不太在行，但是，我是司令，脸上肯定不能露出破绽，可是，我心里却在想我读大学时为什么要放弃学习机械工程。

这个街头长大的小伙子怎么可能学会这些复杂的知识呢？难道他说的那些都是他自己摸索出来的？他会不会是靠死记硬背记住的呢？他讲解的时候我有意打断了他几次，假装有疑问，其实我是想看看他是否思路清楚，是否能接得上自己的内容。事实证明我想错了，他对答如流。

但我还是没有感到特别惊讶，我碰到过很多这样的情况，我认为我知道是怎么回事。我环顾四周，想证明我的直觉是对的。果然，一位班长站在导弹运输车的角落里，那里看上去很不起眼，但可以听到大兵讲的每一句话，大兵在讲解的时候，这个班长的嘴中就念念有词。但是，当我用问题打断大兵的讲解的时候，班长就呆住了，大兵则开始独自应对这些问题；那位大兵当场准确地回答了我的问题，边上的班长这才长长出了一口气。

他就是那名大兵的班长，是那名大兵的上司。是班长训练、操练并考验了那名大兵，希望他能有最佳的发挥。是班长让大兵——这个纽约来的街头小伙充满自信地站在那里，让他向一位四星上将和一大群其他高级长官做汇报。有了班长的信任，大兵是不会让班长脸上无光的。

汇报结束后，我向小伙子表示祝贺，希望他将来一切顺利，然后继续向下一个示范点走去。我在部队待得够久了，熟悉部队的一切事情。

离开导弹发射车约22米距离的时候，我扭头望过去，就看到了我预料中的情景。班长在和小伙子击掌庆祝，班里所有的人都围着他们，嘴里发出"唔——哈——"的声音表示庆贺。

所有的下属都希望能有一种归属感，希望自己是某个集体、某个部落或者某个连队中的一分子。领导之所以成为领导就是因为他们会把几代人积累的经验传下去。他们为团队树立目标、确立组织程序、提出严格要求、关心士兵并培养他们成长，不时地给他们敲警钟，最重要的是，还为他们树立可以学习和借鉴的榜样。

4. 不要放过任何一个错误

不要放过任何一个错误，这是年轻的领导者一开始就要掌握的要领之一。

换句话说，就是要当场纠正错误，这样可以收到多方面的效果。首先，一个显而易见的效果就是纠正错误表明了你对细节的关注，这样能有效地维护规章制度。所以，如果有大兵经过领导身边而没有行军礼，又或者领章帽徽没有戴正，年轻的少尉就要予以批评指正。容忍或无视细小的错误会助长不良习气，最终酿成大错，造成灾难性的后果。

其次，这样做能让有报负的指挥官在规章制度遭到破坏时果断出言制止，而不会使他因为要避免摩擦或者怕被误会成是斤斤计较的人，扭转头去，假装没看见。

其三，这样做能让你的部下知道你确实关心他们，关心这个集体，关心集体的使命。如果有部下明知自己犯了错，上司却放过了他，那他就会怀疑上司的能力，并且不再尊重上司。

其四，这样做可以给所有下级指挥官树立榜样，让他们跟着这样做。

整个单位里上上下下都会严格遵守规章制度，相互尊重。

其五，这样做可以避免错误和乱子升级乃至蔓延。必须当场处理，不要觉得过后有人会来处理——即便这本该是某些人来负责纠正的错误，你也要当场处理。

要关注细节，当场纠正错误，但不能机械操作，要根据具体情况灵活对待。一群刚完成任务归来的士兵，满身尘土，一脸疲惫，这个时候你去刁难他们，说他们军容不整、不够整洁就不近人情了。说话做事得讲常识。

要坚决地纠正错误，但也要采取恰当的方式予以说明、解释，我发现这样的话犯错误的人也能理解，并不会因此心生怨气。始终要学着将矛盾冲突转化为相互学习、互相促进的过程。

每一个好教师、好教练、好的小提琴指导教师、好家长和好的建筑工头都懂得这些道理。有错不改会形成根深蒂固的习惯，表现在击球手的姿势里、小提琴手的指法里、孩子的餐饮习惯里、建筑工的建筑技艺里；而一旦错误成了习惯，事后老师、教练、工头和家长全都没辙，无法再来纠正。你只能及早发现问题，尽量培养正确的动作、技巧和行为方式。没有勇气当场纠正细小的错误或缺点的领导，也不用指望他能有勇气在大是大非前挺身而出。

5. 比起坐办公室的，我更看重一线工作人员的意见

我无论到哪支部队去带兵，都会一早儿就告诉大家我的偏见：我只看重一线指战员的意见，我认为他们讲的话才有事实依据。参谋人员如有不同意见，除非能拿出事实让我改变主意，否则他们说的在我这里都是错的。听到这话参谋们都不开心，但不开心就对了。

我偏信一线指战员的态度也许没有道理，但我有我的理由。首先，我

要让参谋人员知道，我们的"客户"是各级指战员和战士，参谋不是在为
我服务，而是要为各级指战员服务。只有上下协同，才能解决问题。一旦
参谋人员意识到任何一位一线指战员都可能在我面前决定他们的去留，他
们就会玩儿命似的去解决基层出现的问题。参谋们知道，只有让整支部队
上上下下都满意，我才会满意。

反过来，如果有某位指战员指责某个参谋捅了娄子，我一定会彻查此事
以确认指战员说得没错，一旦发现是指战员出了问题而参谋人员是对的，
而且指战员是明知故犯，那他就死定了。他这样做，我绝不会袒护他。

这样，没过几个星期，我的参谋们就都明白该怎么干了。"哎，我们
都是一个战壕里的兄弟，"他们会对下面的指战员说，"下次首长去你那
儿喝咖啡了解你那里的问题之前，我们一起先合计一下吧。顺便说一句，
你们这个月的装备报告写得乱七八糟，还迟交了。要不下个月我们帮你们
先修改一下？老头子对这种事情很较真儿，咱们应该互相帮一把嘛。"

在我几十年的军旅生涯中，百分之七十以上的时候我带的队伍都没出
问题。

6. 一定要有些有个性的下属

我担任101空降师第2旅旅长的时候，手下有几员性格迥异的大将。我要
是让他们其中一位去抢占一个山头，他二话不说就拿下了。但如果我让另一
位去抢占这个山头，他立刻会问："何时行动？采用哪种性质的行动？有其
他部队支援吗？我能否优先调配人手和装备？得手后还要干什么？"

两位指挥官都会攻下山头，完成任务，那么哪一位更优秀呢？二话不
说的那位表现积极，勇气可嘉，但有时候他连最基本的问题都没问清楚就
已经冲了出去，这很容易出问题。他有时候不能全面执行我的意图，对

战场的全局也缺乏了解。而另一位的那些个鸡零狗碎的问题经常让我心烦，但他往往计划更周密，行动更谨慎、细致。

我的任务就是让他们最大限度地发挥优势，取长补短。我会问那位二话不说的指挥官问题，确保他对那些没问但应该问的问题心中有数，我得掌控他那不顾一切、勇往直前的性格。而我往往没有耐心听另一位唠叨个没完，我会直接打断他的问题，让他立刻采取行动。

一个人的一班手下很难都兴趣相投。他们又不是克隆人，就算是克隆人，也还是不同的个体。只要他们能理解我的意图，与我协同一致，我就可以根据他们不同的性格脾气做出安排。以我的个性、经验、耐心和期待，我差不多可以跟各种下属合作共事，只要他们能完成任务。

那时候，又出了一件麻烦事，我的一个部下跟我处得不好，我不得不将他解职。这事可不容易办，如果你的部下没有犯明显的错误，让你有明确的理由将他解职，那这个事情就很难办。我在101空降师任职的时候，就有那么个部下，虽然找不到明确的理由，但我必须将他解职。这人入伍以来一直表现不错，也没有犯什么特别的错误能让我直接将他解职。但我觉得他没有把心思放在工作上，他没有融入我的队伍。他表现出了一定的能力，但显然并不投入，并没有达到让我满意的程度。他也执行我的命令，但完成效果总是要打折扣，他缺乏兴趣与激情，行动时很少表现出积极性和热情。他带的那部分队伍精神面貌也跟他一样，因为他从不激励和鼓舞队伍的士气。他严重地拖了我整支队伍的后腿。

他的个性可以让他成为一个很好的业务经理，但不是一个独具个性的指战员，大家都看得出来这一点，所以我必须让他走人。这个决定让人不好接受，但我也没有采用非常粗暴和武断的方式，我试过给他忠告，让他改变，但于事无补。他知道我的想法，但对我的看法并不认同。

最终我只能告诉他我得让他走人，我讲得很清楚，换个单位，换份工作，我敢肯定他一定会干得很出色。他情绪低落，样子很可怜，但没有办法，我们首先得考虑整个集体的利益。

转做国务卿之后，我再次招募了一个老朋友撰写发言稿，他是我知道的最好的新闻演讲稿撰写人之一。他一直在政府高级部门工作，我以前跟他共事过，知道他的文笔的确是文采飞扬。

但好景不长。很快我就发现他老是想把他自己的想法塞进我的发言稿里，而不是用他的文笔修饰润色我的想法和讲话。有一天晚上，我跟他推心置腹地交谈了一次，他心平气和地选择了到另一个部门去做高级职员。我希望他工作一帆风顺，但我的地盘我做主，我得用我称手的人。

什么样的人才能成为我称手的部下呢？首先他得具备以下这些素质：能力出众、机智过人、有个性、勇敢、坚毅，但不失温和、善于鼓舞士气、忠心耿耿。除此之外，我要求下属敢于与我争辩，但绝对服从命令（决定一经做出，绝无异议）。我会认真考察下属以往的表现，但我更注重他们今后的潜能。我需要有想象力和创造力的下属，希望他们思想丰富，能预见未来。我特别欣赏那些能在我之前发现问题，甚至在我注意到问题之前就能解决问题的人才；我同样欣赏那些能先于他人发现机会并能早早发现危险、感知威胁的人。

我需要那些能与我和我的团队协同一致的人。我在韩国当营长的时候，我们旅长要求我把一支连队交给旅参谋部一名年轻能干的上尉指挥。这名上尉有点儿离群，很聪明，但有点儿聪明过头，跟其他上尉军官也相处不来。他的行为做派让人不想接近他，旅里面因此对他议论纷纷。他很能干，我可以收下他，但他肯定没法融入我的队伍。

我建议旅长把这名上尉派去别的地方。他去了，去了一个不错的单位，但就他的个性来说有点儿勉为其难。没过几个月，他的那些个性就都暴露出来了，那个单位在对他进行了全面审查之后，将他解职了。

有时候，我也会错过一些我本该雇用的人；有时候，我面对一些该放手的人又不知所措；但大多数时候，我的下属都具有我所需要的优点，尽管这意味着我必须同时忍受他们的缺点，还得不停地帮他们掩盖这一点。**在选人的时候，你只能期盼他的优点大过他的缺点。**

就像做菜有时候要加点儿胡椒调味一样，有时候你也需要挑些有个性、有特长的人做下属。一个单位里有一批有点点凶、有点点奇怪的家伙存在，这个单位就会有不少生趣。我的一些最难忘的经历和想法就跟那些个想象力奇特、非常风趣的怪才有关，这其中包括"老虎"霍尼科特。绰号"老虎"的维尔登·霍尼科特准将是我在101空降师的顶头上司。"老虎"是一位荣获过无数勋章的战斗英雄，什么样的人他都不怕招惹。

有个周末，师部指挥人员聚在一起召开一个为期两天的"机构效益"研讨会，由地方上的一名专家主持。他一上来就让我们列出我们的目标和任务，然后让我们讨论对此的感受。专家的开场白一讲完，"老虎"就举手提问了："请这狗娘养的来做讲座，我们得花多少钱啊？"（这也算"效益"问题吧——译者注）"老虎"借故再没参加那个研讨会。

每天早上，我见到他都会一成不变地问候："早上好，阁下，您还好吗？"

他也会一成不变地回答："比你强无数倍，我他妈是个将军，而你不是。"

像"老虎"这样的人是每个单位的菜里必不可少的调料。

我选人的时候总是希望他们能突出我的优势，弥补我的不足。我希望他们在我处理不好的方面能力比我强。我需要比我聪明的家伙，但他们最好看不到这点，或者看到了不会表露出来。

我在选副手的时候，总是选那种比我狠、比我恶的人。遇到事情，我扮好人、唱红脸，他做恶人、唱白脸。索尼·塔克是我任101空降师第2旅旅长时的主任参谋，他的办公室就在我的办公室隔壁，他那边儿有个什么响动，我这边都听得见。有人让我不开心了，我只要告诉他一声就行了。当天过不了多久，我就能听到从墙那边儿传过来的声音："伙计，过来，你让我们上校不高兴了。他不高兴，我就难受；我一难受，你中饭就别吃了。"索尼退役后成了一名牧师。

我总是充分鼓励副手们代我做事。

刚当国务卿的时候，因为我在外出差，我让助手里奇·阿米蒂奇代我签署了一份文件。工作人员在他的签名下面署上了"代理国务卿"的字样，我告诉他们："没这个必要。有了神奇的现代通信技术，我随时可以表明我的意见。有了我这个国务卿，就没有必要来个'代理国务卿'了。"

有时候我在世界的另一端处理国际事务，国务院的人有事不知道找谁签字，我就告诉他们这很简单：里奇作为助理国务卿可以代签，他的签名跟我的一样有效。只是在一些法律规定必须我本人签字的场合，那就只有我来亲自签了，这也只是唯一例外的场合。

问题的关键是，我充分信任里奇而他也百分之百信任我。工作人员想把这条写进章程里，我跟他们说没有这个必要，很快他们就会发现该怎样操作，绝对不会有问题。

我需要的是管理者还是领导者？其实我们可以模糊掉这两个经常被人们看作有差别的概念。好的管理者同时也是好的领导者，好的领导者就应该是好的管理者。当然，领导者有一点是和管理者大不相同的，那就是优秀的管理者会把员工预期的能力发挥到百分之百，而杰出的领导者会让属下的表现远超过人们的预期，达到百分之一百一、一百二，乃至一百五。杰出的领导者不仅能推动下属前行，他还能激发下属的斗志，让他们变得兴奋。

超级领导人也是超级管理者，他们是稀世珍宝。要时刻留意那些能让属下百分之一百五发挥的人。

20世纪80年代初，我们尝试采用模拟训练来降低部队训练成本，提高部队训练效率。当时我在科罗拉多州福特要塞的第4步兵师任准将，我们接到命令，要测试新的模拟坦克火炮发射器。

坦克兵喜欢开着坦克在旷野中奔驰，用坦克主炮打击目标。他们一直这样训练，准备在战场上打胜仗。但这样也有弊端，很重要的一个方面就是炮弹的成本高，1981年的时候一发坦克炮弹值当时的1000美金。因此，当时每辆坦克全年的实弹供应数只有90发。

这就是为什么要使用模拟发射器的原因。但使用模拟发射器能让坦克兵达到与实弹射击同样的熟练程度吗？上级指示我们对模拟发射器进行测试，找出答案。

坦克兵们钻进独立的小单间，仿佛置身坦克炮塔的内部环境。银幕上出现了起伏的地形，敌人的坦克冒了出来，坦克兵们集中精神用电子火炮与敌人对抗。

我们挑选了两个坦克营进行测试。一个营每辆坦克配90发炮弹，但不在模拟发射器上进行训练；另一个营每辆坦克只配50发炮弹，但每名坦克手都在模拟发射器上训练数小时。然后我们把两个营的安排调换过来，再次进行试验。

在第一轮试验中，没上模拟发射器的那个营表现出色；但是当我们把两个营的位置调换过来后，这次上了模拟发射器的那个营赢了。我们把上模拟发射器的那个营的实弹数量从50发减到40发重新做了一轮试验，还是同一个营获胜。我们把试验的顺序颠倒又来了一轮，结果获胜的还是同一个营。分析人员大惑不解。

答案其实很简单，一切因素都在那个营的营长身上。营长下定决心要获得胜利，不管我们给他怎样的条件，他都有必胜的决心。在训练中他也把这种信念灌输给了他的士兵。全营指战员在训练中都全力以赴，哪里还管什么分析员要的数据。另一个营也不赖，但营长没有那么强烈的求胜欲望，没有那么强的竞争意识、动力和激情，不能想象士兵们究竟可以做到多好，这些都影响到了全营的训练发挥。

对于这个教训我不想引申得太多。模拟发射器对训练大有帮助，今天模拟设备在部队里应用之广是30年前的我们所不敢想象的。但像那位不管在什么情况下都能争胜的营长始终是不可多得的人才。

总而言之，我喜欢努力工作的人，喜欢有目标的人，喜欢能激发大家斗志的人、能抽时间和家人相处的人、幽默风趣的人，我不喜欢光顾着忙事业而忘了其他事的人。我喜欢快乐的集体。我一向努力工作，这样我的下属也会努力工作；要让下属感受到工作的乐趣，就一定要相信他们是在努力工作，相信他们已经做好了充分的准备，已经整装待发，并会圆满完成任务。

我对部下要求严格，但从不脱离实际；我的要求现实可行，但需要他们尽全力发挥自己的能量。

我不喜欢在一个单位里看到下属惧怕上司的现象，那样的单位里下属经常会怒吼、叫嚷、谩骂。你也许会问："这是谁干的？"结果会让你大吃一惊。我在一些充满恐惧和谩骂的单位里待过，看到过更糟糕的情况。领导经常威胁和辱骂下属，用狂飙突进运动①代替了领导艺术。我没有见过有哪个领导能在这种情况下得到满意的效果。

"什么样的人能做领袖？"人们问我。

我的回答很简单："无惧担责任、有人响应、有人追随的人就是领袖人选。"

我认为，领袖人选与周围的人天生地能建立起一种联系和情感，他们在父母和老师的鼓励和培养下会不断发展这种联系和情感，又通过各种训练、实践和辅导自我培养出了领袖气质。领袖人选还必须不断地通过学习来完善自己，如果放下学习、停止成长，再优秀的领导天赋也会被埋没。

---

① 狂飙突进运动：18世纪德国的文艺运动，把文学看作个人感情的爆发。这里形容的是一种领导方法。

鲍威尔的秘诀

· 我主张领导到了一个新的单位一定要相信属下，除非你有不能信任他们的依据。你信任他们，他们就会信任你，这种联系上下关系的纽带会随着时间的推移而加强。他们会努力工作以确保你圆满完成任务；他们会保护你、支持你，他们会关心你、爱护你。

· 拿着刀在职场里乱砍一通的人会被人看作神经病，在职场里打拼的小人物都会群起而攻之。

· 士兵们愿意追随你那是出于一种信任，他们追随你，那是因为他们相信你，基于这种信任他们知道他们应该做些什么。所以作为指挥官，最重要的事情就是要让队伍相互间建立起信任，在指挥官和指挥官之间、下属和下属之间以及指挥官和部属之间建立起信任感。当然，你首先要让自己成为一个无私且信任下属的指挥官。

· 领导和下属一定要保持一定的距离。下属就是下属，是你的部下，不是你的哥们儿。如果你跟他们没有了区别，如果你不让他们清楚自己能干和不能干什么，他们就不需要你来领导他们了。

· 没有勇气当场纠正细小的错误或缺点的领导，也不用指望他能有勇气在大是大非前挺身而出。

找赢定了：鲍威尔生活和领导的艺术
It Worked for Me:
In Life and Leadership

5. 需要认真面对的五类观众

4. 务必警惕首批报告

3. 务必及早告知我

2. 务必告诉我你知道的一切

1. 及时更新大脑软件

第四章

快节奏信息时代的领导力

1. 及时更新大脑软件

外交官离不开信息，这是外交界的基本法则。大使馆需要接收和发送的信息量都很大，一旦信息传播受阻或中断，大使馆就像搁浅的鲸，纵有千钧力量也无处施展。

自建国以来，美国驻世界各地的外交人员就在广泛搜集当地的信息，并将之送回华盛顿，然后再将华盛顿发出的信息传递给所驻国的领导人。

早期的急件都是手写的，然后人们通过一切可能的手段将之发送出去，主要是借助邮政马车和轮船。进入20世纪，通信技术日新月异，火车、汽车、汽船、电报，以及海底电缆都被用于传递信息。在整个20世纪和21世纪刚过去的十几年里我们见证了收音机、电话、传真、卫星技术、视频连线，以及许多其他技术在通信传播方面的应用。当然，在信息传播方面带来最大影响的当数网络革命了。美国国务院自身一直在不断调整适应着这些新技术的发展。

采用这些新技术的过程必然也是面临诸多挑战的过程。虽然安装网络传输所需的各种新的软硬件难，但改变人们大脑的软件更难。尽管人们普遍接触了最新的电脑、网络、智能手机、iPad，以及数据处理系统，但是人们的头脑和心灵可能依然停留在20世纪早期乃至更早的时候，那是一个没有电脑的时代，新的大脑软件无从安装。

2001年，我当上了国务卿。当时，我就像变了个人似的，对信息上瘾般迷恋，我十分卖力地学习，希望能变成一台数码机器。我知道，对于信息的获取、传送以及分享来说，以往的空间、时间、政治、文化，以及社会障碍都被颠覆了，或者说穿越了。信息、资金、风险、机会，以及各种人际往来都以光速在全世界传播。进入国务院以前，我在美国在线公司董事会工作过一段时间。那时候，我从我的儿子迈克那里学到了不少东西，他于2001—2005年担任过联邦通信委员会的负责人。但是，这还比不上我通过观察我的两个外孙艾比和 PJ 学到的东西多。这两个小家伙当时分别只有4岁和2岁，都生于数码时代。有一次，他们的姑妈琳达正在开车，坐在后排的他们忽然尖叫起来："琳达姑妈，琳达姑妈，你没有打开GPS①。我们不知道现在到哪儿了。我们要迷路了。"

当上国务卿之后，我迫切需要了解美国国务院一直是如何追赶信息科技革命的。当时的情形并不令我满意。各办公室使用的电脑年代不同，系统也不能兼容，其中包括很多古董级的王安②牌台式机和程序。要知道，当时距王安电脑公司破产已有8年了，而8年对于数码科技的发展来说更像是一个地质时期。

国务院的许多电脑都没有连接上国际互联网。各办公桌的电脑之间设有局域网连接。许多办公桌上设有两台电脑，一台和国务院内部的非机密网络连接，另一台则和内部的加密网络连接。整个局域网的连接通常由某台专用电脑负责，最多的时候，也只有几台电脑可以同时工作，只能有一

---

① GPS：全球定位系统。

② 王安（1920—1990）：生于江苏昆山，1945年赴美留学，在哈佛大学攻读应用物理学博士学位。1951年离开哈佛大学，用出售自己发明的记忆磁芯专利权所得50万美元创办了王安实验室（Wang Laboratories），1955年，正式成立王安电脑有限公司。1964年推出桌面电脑，1967年公司股票上市，1982年跻身美国计算机企业十强之列，王安成为当时的"电脑大王"，美国五大富翁之一。1992年8月，王安公司宣布破产。

间办公室或充其量一层楼的电脑可以同时工作。当时我们还面临着其他方面的挑战，比如缺少安全认证和防火墙，信息技术方面的经费预算很少，甚至完全缺少经费预算。结果是，国务院各部门的电脑系统各自为战，造成了资金、空间和人力上的巨大浪费。

如果我们不在网络信息人员以及设备上追加必要的投资，那我们就会跟不上迅猛发展的数码科技时代了。

我发现的另一个问题是，我们在全世界有250个外交领事馆，但是谁应该负责为他们建立信息网络通道呢？对此，国务院和中央情报局争论了很长时间。我们的大使馆和领事馆并不仅仅隶属于国务院，他们同时还包含有其他部门的派出机构和成员。所有这些人都需要信息网络沟通渠道。

国会对这样一种运作机制颇为不满。国务院和中央情报局试图安抚批评者和不同的选民，对各大使馆和领事馆的信息网络沟通渠道采用了一套奇怪的管理办法，那就是由国务院和中央情报局轮流负责。国会认为这样的管理办法实属荒唐，要求在国会管理及预算办公室内组建一个专门小组去负责使领馆的信息网络沟通问题，而我的责任呢，是替"国会管理及预算办公室"这个将要组建的新的小组挑选一个领导人。根据国会的规定，该人选还必须来自非政府机构。值得庆幸的是，在我担任国务卿的过程中，国会的这一要求并没有得到贯彻实施。我们当时是希望去找一个更加实用的办法来解决问题。

在负责管理相关事务的副国务卿格兰特·格林的领导下，我们开始了行动。首先，我们请求国会领导人暂停在国会管理及预算办公室组建新的工作小组，以便我们有时间去分析当时的情况并总结应对措施。

然后，我们和中央情报局局长乔治·特尼特签署了一项协议，决定对国务院和中央情报局进行评估，然后看谁更适合与使领馆洽谈并为其安装和维护宽带。中央情报局同意了该方案，双方达成了一致意见，至此我和下属终于长出一口气，不用再为此头疼了。双方商定，由国务院提出通信网络标准，由中央情报局确定宽带管理人并提供该管理人的年度报告。特尼特对此表示同意，我们签订了协议。之后在不到1年的时间里，我们的通信能力大大加强，通信费用也减少了很多，国会也取消了之前设想的办法。不久，国务院决定美国许多的政府通信网络可以和商业网络线路融合，这样既能使我们的通信网络更加稳定，同时又能降低费用。

同时，我们也解决了硬件方面的问题。一开始，我们找到一些私营承包商负责这方面问题，但是效果并不好。后来，我们请自己的员工来管理，如自行决定对电脑数量的需求。他们经过汇总分析，认为至少需要4.4万台新电脑。接着，我们说服了国会为此拨款。

我们迅速在国务院和每个使领馆的每张办公桌上安装了有网络连接的电脑。每个人都可以连接到国务院的系统以及公共网络。我们在不到2年的时间里完成了网络安装任务。最后一个更新网络的使领馆是驻加蓬的大使馆，他们为此还颇有怨言。

同时，为了防止技术过时，我们还追加了预算。在接下来的4年里，我们开始更换一些过时的系统。我们还开发出了新的信息渠道，从电报以及外交电缆等传统方式发展到以电子邮件为基础的系统。我们甚至允许移动设备和我们的办公系统相连接。在很短的时间内，我们的通信技术就从1945年跨入了2001年，到了今天，这套系统变得更有效了。

这又是"管理好队伍"的一个例子。你必须给你的士兵配备他们必需的武器，只有这样，他们才能完成任务，否则，他们不会相信你，也不会真的为你的任务和目标倾尽全力。

因为国务院离不开各使领馆收到和发出的信息，所以，无论什么时候参观某个大使馆，我都会搞一个小测试。只要我看到有一间敞开的办公室，包括大使的办公室，我都会快速走进去；只要电脑是开着的，我就会查阅我的私人电子邮件。如果能够查到，他们就通过了测试，这说明他们的网络运行正常，他们能够有效地使用电脑和网络。

采用新的软硬件过程复杂，困难重重，主要问题来自软硬件的应用范围和效用。要想不断更新大脑的软件则需要面临更大的挑战。我下定决心去变革人们的思维和工作方式。我们让国务院的所有工作人员都意识到我们是生活在一个交互式网络时代，而不是那个日出而作、日落而息的农耕时代，我们生存的时代再也不会以小时数乃至工作日来衡量我们的工作成效了。电脑和电子邮件已经超越了交流过程中的物理、地理、日期以及时钟的限制。外交信息再也不可能靠人骑着马，或者信使坐着火车、轮船以及飞机的方式去传播了。

只有领导率先做出榜样，改变自己的大脑软件，然后才能改变整个单位的思维模式。

作为对我在国务院办公室的电脑的追加措施，我通过一条秘密线路安装了一台笔记本电脑。我自己的电子邮件通过这台电脑可以和线上的任何人取得联系。我用电子邮件聊天的对象有我的几个主要助手、一些大使以及越来越多的外国外交界的同行，这些同行也像我一样，以186,000英里/秒的速度，掌控着他们的外交世界。

美国国务院始终坚持更新页面上世界各国的背景资料。这些资料是各大使馆汇集而成的，由各部门、各地区的专家以及我们的公共事务办公室负责整理和更新。每隔几个星期，我都要检查背景资料的条目，看看最近一条是什么时候更新的。如果我不止一次发现，有些资料一年多都没有得到更新，我会批评工作人员，叫他们去更新所有的资料。

"但是，国务卿先生，我们每个季度更新一次。"一天早上，在职员开会的时候，公共事务助理秘书说道，虽然说得理直气壮，但是没有道理。

"不要对我说我们每个季度才更新一次网页，"我说，"沃尔玛只要在付款处有一笔交易，就会随时更新整个信息系统。如果我醒来的时候，在电视上看到外国某领导人死了，并且已经宣布了继任者，我希望在我到达办公室之前，我们的网页上有关该国的背景资料也会反映出这一信息来。

我们也许不能总是打败维基百科或者谷歌，但我们不妨尝试去打败他们。"

几年前，我在沃尔玛的一次大会上给部门经理以及高层管理人员做过一次演讲。在演讲之前，我在后台候着。就在此时，人们就像观看足球比赛时一样，随着公司领导欢呼起来，紧接着是大声的吼叫和相互祝贺。我忍不住问主持人发生了什么状况。

"他们刚刚宣布了最新的销售报告。"他对我说。

我傻傻地问："是这星期的，这个月的，还是这个季度的？"

"不，是昨天的。"他说，"如果您感兴趣，我可以给您今天上午的销售报告。"

我十分意外，但并没有感到震惊。公司的这种操作，我懂的。

在谷歌、亚马逊搜索引擎出现之前，在网络信息大爆炸之前，大超市已经意识到了技术革命、信息的力量和速度足以让他们从农耕时代跨入全球信息交互式网络传播时代。

每一笔交易都会以垂直和水平的方式传遍整个公司，并且激励所有部门采取相应的行动。暂停库存输出、计算利润、重启订货程序、通知销售人员和厂家、后续货物制表、装车、电脑做出指示等等，所有这一切在大超市的运营中真实地发生着。

我让美国国务院烙上了同样的思维方式。要让这样的根本性变革延续下去，必须让继任者意识到你的变革已经改善了他们的工作，提高了整体的办公效率和积极性才行。只有继任者相信这些变革的作用，并且会将同样的信念传递给下一任领导人，你才能说你的变革取得了实质性的成功。真正的思维变革比人事变革历时长久。

我经常敦促员工不要死抠日程表上的安排，而是要多多使用电子邮件，不断更新数据库中的各项安排。尽管我早已不在国务院任职了，但是，每当我到访某个国家的时候，我都会以私人名义礼貌地向我们的大使发一封电子邮件，让他知道我正访问该国，告诉大使，如果合适的话，我会拜访有关领导人。每次我都很快就得到了回复，对此我备感骄傲，因为大使馆的台式机和笔记本从此再也不是什么摆设了。

尽管我非常成功地改变了美国国务院及使领馆的办公方式，我却始终无法说服我的好友俄罗斯前外交部长伊格尔·伊万诺夫上网。伊格尔的冥顽不化总让我忍不住要说服他和我的那些员工。

有一天，伊格尔从莫斯科给我打来电话，抱怨说我们驻联合国的代表反对俄罗斯代表在纽约提交的一份草案。我们的代表认为他们的草案违反了几年前联合国通过的一项决议，而伊格尔完全不同意我们的说法。对于之前的那个决议，我不太清楚，所以也不知道是不是像他说的那样。就在和他交谈的过程中，我用我的新电脑在谷歌搜索引擎上键入了相关决议的代号。一秒钟之后，它就出来了。我先等伊格尔抱怨了一会儿，然后打断他说："伊格尔，我估计你弄错了。如果我没记错的话，按照该决议第2款第2条第1项的规定，你弄错了。"

电话那边沉默了。"科林，你确定吗？"

"伊格尔，"我盯着屏幕看了一会儿说，"我不能完全肯定，但是你可以让你的人再看一下。"他的职员花了几个小时仔细审阅了一遍，结果证明我对了，他错了。我很开心。

但我当时始终没能说服伊格尔使用电脑和网络。他在华盛顿的时候，经常参加宴会，总会带一份礼物给我。

伊格尔穿着得体、漂亮，喜欢打蓝色的爱马仕领带。所以，我给他的礼物就是爱马仕领带。他很感动，他对我说，买领带确实很麻烦。于是，我带他到楼下我的办公室，向他介绍网上购物的乐趣。他将信将疑地看着我订购爱马仕领带。一分钟就搞定了。

离开时，他一边摇着头，一边咕哝着："不能这样，不能。"

伊格尔绝没有新技术恐惧症。他是使用当代一项具有革命性的技术，也就是手机的高手。我们曾待在两个大陆的不同地方，在距华盛顿9个时区以外的地点，用手机商谈过一些极为重要的问题。

那时候的电子邮件还不能被人肉、木马入侵或者维基解密。呵呵，可能伊格尔看得比我远吧。

但是，伊格尔终究不能够永远躲避21世纪。现在，他已经退休了，个人生活得很好，生意也做得好。除了手机，伊格尔还学会了使用其他的科技手段。现在，我们经常通过电子邮件联系。

2. 务必告诉我你知道的一切

如果你不能及时获得正确的信息，并且不能将真实信息与臆测区分开的话，那你就无法做出正确的决定。

我掌握着无数的信息。我的收件箱经常爆满，很多人会过来跟我聊天，我的员工或亲近的情报人员会不断地给我打电话，告诉我他们的所见所闻。这么多年来，为了抓住一篇文章的核心，我学会了快速阅读；我会将废话、大话、模棱两可的话以及多余的形容词和副词抛在一边。"只说事实，只讲事实"，这是20世纪五六十年代的电视剧《法网恢恢》中洛杉矶警察局的侦探乔·福瑞迪的口头禅，在听别人做口头汇报的时候，我会采取相似的方法。

所谓事实，就是经过核实的信息，它能够反映客观现实。问题的关键就是如何核实信息。你如何核实已经核实过的信息呢？事实很难判定，核实的过程同样困难。今天核实了，明天可能又不能肯定了。所以，事实并不是一成不变的，核实的过程变了，它们也会发生改变；它们可能只是真相的一部分；核实者如果知道得不够多，也有可能认定它们就是全部的真相。

我亲眼看到过一些核实过的事实，但之后看来，就走了样。2003年3月

19日的晚上，也就是决定发动伊拉克战争的前夜，我们在白宫椭圆形办公室接收到几名情报人员发回的现场报道。他们说萨达姆·侯赛因出现在巴格达的一处名为多拉农场的行宫，所以我们有了发动袭击并且成功实施斩首行动的机会。于是我们轰炸了那个地方。情报人员发回报道说，他们亲眼看到了侯赛因的尸体。但结果完全不是那样。

1993年，在索马里，我们到处搜寻头号目标人物穆罕默德·艾迪德 ①。情报人员多次汇报，他们知道此人的下落，但是每当我们袭击该目标的时候，他就跑了。所以，情报人员的消息需要加以核实。他们也许说知道目标在哪儿，但等我们得到消息的时候，情报人员的消息也许与事实就有了出入。

你所得到的事实并不能完整地拼凑出整幅图景，它们只是几张标了数字的碎布而已。

1991年海湾战争期间，中央情报局情报官每天都会为老布什总统做简报，告诉他美军战地总指挥诺曼·施瓦茨科普夫将军的报告高估了我方空军摧毁的伊拉克坦克和火炮的数量。中央情报局的分析人员根据卫星图像推断的数据远小于诺曼报告的数据。双方你来我往，争吵不休，诺曼暴跳如雷。为弄清事实真相，我们在国家安全顾问布伦特·斯考克罗夫特的办公室召开会议，我几乎想把诺曼从他利雅得的指挥部里给拽回来。

事实的真相是，中央情报局的卫星图像分析人员没有对整个战场进行全盘分析和思考，他们依靠的仅仅是从战场上获得的精确卫星摄影图像。诺曼则从多个信息渠道对问题进行了分析，他的信息来源包括昂贵的卫星图像、飞行员低成本的肉眼观察以及低像素的空中相片。

....

① 穆罕默德·艾迪德：即穆罕默德·法拉赫·艾迪德，自任第5任索马里总统，任期1995年6月15日至1996年8月1日。1996年8月2日遭刺杀。

弗吉尼亚中央情报局兰利总部的两位专家也参加了这次在白宫召开的会议，其中一位是卫星图像分析专家，另一位是多源信息分析专家。后者收集的信息内容不仅包括精确的卫星摄影图像，还包括很多其他渠道的信息。换句话，他对战场形势的观察结果和诺曼的结论很像，和中央情报局、国防情报局、国家安全局以及国家侦察局的各位多源信息分析专家的观察结果也很像。我把诺曼对战场形势的判断和分析讲给这位多源信息分析专家听，专家同意诺曼的分析："是的，这也是我们的结论。"诺曼的判断得到了支持和核实。

所谓经过核实的事情也并不总是纯属事实，这取决于核实者的态度。一旦核实者可能左右事实，我的脑子里就会绷紧一根弦。如果核实者说："我认为极有可能……""我想……""依我看……""据可靠消息……""极有可能……""人们说……"等等，对于这样得出的结论我不会置若罔闻，但也不会轻易指望它们会是事实。

千万不要误会，我丝毫没有瞧不起情报工作者的意思，也不打算指责任何一名情报人员或情报机构。他们工作难度高，压力大，他们的工作非常重要。在我的职业生涯中，我曾经和各种情报人员和专家共事过，从年轻的中尉和营职的情报官到美国所有16家情报机构，我都和他们打过交道。几乎所有的情报分析专家都会竭尽所能，向你提供你所需要的敌方信息，还会提出最好的策略。

这么多年来，当我和情报人员一起工作时，我发现根据他们收集到的情报能够讲出最好的故事。我经常给他们提问题；我会在书面材料的空白处潦草地写满字，然后将它们送回去；我会对他们的分析提出质疑。跟我工作的人很喜欢这种挑战，因为他们和我一样，都想找出事实真相。

一直以来，为了确保我们以同样的方式分析问题，也为了解除情报人员的负担，我为他们制定了4条规则。规则很简单，但他们告诉我说会将这些规则挂在情报人员的办公室里。这4条分别是：

1. 告诉我你知道的。

2. 告诉我你不知道的。

3. 然后告诉我你是怎么想的。

4. 务必将想法与事实区分开来。

"你知道的"意思是指你基本上确信你得到的信息，并且这些信息是证实过的。最好是你熟悉信息的来源，并且能从多个渠道确证它。有时虽然你没有确切的把握，但是你仍确信你的分析正确无误。即便你的分析始终不出问题（那自然好），但还是请你无论如何要告诉我你对信息确信的原因以及程度。

在"沙漠风暴行动"期间，我们的情报机构认定伊拉克军队拥有化学武器，因为伊拉克军队在过去不仅用它们对付过自己的人民以及伊朗，当时还有其他充分的证据表明它们还在继续使用这些化学武器。基于这样的分析，我们给赴伊参战部队配备了探测仪和保护装置；我们还对他们在此种环境下作战进行了训练。

"你不知道的"也同样重要。如果一位领导自以为掌握了准确的信息，但他的属下知道他实际上并不了解实情，还不想将领导不了解的情况讲给领导听，那么情况就再糟糕不过了。有些时候，人们在本应该说话的时候却选择保持沉默，我认为这样的情况非常麻烦。2003年，在联合国讨论伊拉克大规模杀伤性武器的会议上，我的演讲让我出尽了洋相，因为它缺乏事实依据，尽管当时我认为它是建立在事实基础上的。

据报道，伊拉克人将生物制剂的生产设备装在了移动卡车上。我在演讲中强调了这些移动卡车，在此之前我对伊拉克是否存在移动卡车进行了核实，采用了来自多个渠道的信息，认为结论真实可靠。但是等演讲完之后，我才发现根本不存在什么移动卡车。在我演讲之前，我本应该注意到一些事实。一是有关移动卡车的信息来源。我们的情报人员根本就没有跟唯一给出信息的人——一个绰号"瘪球"的人直接接触过。这是一个连这些情报人员都认为忘性大、靠不住的人。如果他们当时能有更多信息来源就好了！其二，根据第一点以及其他一些我所"不知道的信息"，多名高级分析精英对移动卡车的存在持怀疑态度，并且他们也确信"瘪球"这人靠不住。他们怀疑这条信息，但没有说出来。他们中的一些人后来著书立传，说当我采用漏洞百出的信息时，他们感到很惊讶。

不错，那个信息是漏洞百出。既然如此，在演讲的关键时刻，怎么没有人站起来，大声指出来呢？"我们真的不知道事实真相！我们不能相信这一点！你不能这样说！"那样做是需要勇气的，尤其是当你的意见跟上司或者大众的意见不一样的时候，或者当老板需要确定的答案的时候，你敢承认自己不知道事实真相吗？

处在这样的场合，做领导的免不了要受到指责。他也有责任，他必须严格地反复考察分析人员，了解他们知道什么，还要进一步弄清楚他们不知道什么，只有弄清这些，他才能得到满意的答案。同时，领导要明白的是，人需要勇气才能站起来对他说，"不是那么回事儿""你说错了"或者说"我们真的不清楚"。领导千万不要批评敢于这样发言的人。大家聚在一起，就是为了寻找真相。如果找不出答案，那么，接下来的问题就更严重。

我们需要这份勇气，我们还要鼓励下属也敢于说真话。不到万不得已、既成事实的时候，我都不愿意说："哎，你为什么不早告诉我？"

如果你告诉我你知道的和不知道的，我以此为基础进行应对，那么，我的经验增加了，你的学问也扩展了。如果我的决策是错误的，那我要负责任，你也有责任，该是谁的责任，谁也逃不掉。所以，欢迎大家讲真话！

1991年，我们当时准备实施"沙漠风暴行动"，我们的情报人员确信伊拉克人拥有化学武器，但是不清楚他们是否会使用。有些分析人员和专家认为会，有些则认为不会。这就是典型的"不知道"。我们认为他们既然有化学武器，就肯定会用。但是，他们担心会遭到报复和受到全世界的谴责。我们不清楚他们的士兵是否接受过使用这些武器的训练。我倾向于认为他们的士兵没有接受过训练，这是我们"不知道"的情况，只有他们使用了化学武器，或者有迹象显示准备使用化学武器，我们才能确切地"知道"是怎么回事。但我认为有许多因素促使他们不会使用化学武器。

"告诉我你是怎么想的"。尽管核实过的事实在决策制定中极为重要，但是，没有核实过的信息、直觉，甚至那些奇妙的想法，有时也很重要。没有奇妙的想法，就没有股市和对冲基金。

尽管你不能验证或者反驳你的想法和意见，尽管那只不过是一些直觉，但是，它们可能很重要。你可能是对的，我经常发现某人的直觉比他的知识更接近现实。但是，如果我凭着你的想法或直觉行事，我就要为结果承担全部责任，而你不用。

许多分析人员和专家相信伊拉克会使用化学武器。那是他们的想法。事实可能是另外的样子。我自己的判断是，他们不会使用化学武器，因为那样他们的损失会很大。我们必须告诉伊拉克人，如果他们使用化学武器，我们的反应将更加强烈，我们让他们去惦量那将是什么样的结果。他们明白我们的实力。

我还相信，我们能够打败伊拉克的任何化学武器。但令我担心的是国内的反映——愤怒的公众，歇斯底里的喊声。但是，我认为我们能够解决好这些问题。在做出决定的时候，我凭借的是经验和直觉。如果我错了，责任就落在我的头上，而不是落在情报机构的头上。

事实上，伊拉克没有使用化学武器。

"务必将想法与事实区分开来"。只要时间、人手和环境允许，我希望得到尽可能多的信息，比如，核实过的事实、分析、意见、直觉和别人的灵感。我会衡量这些方面，然后提出行动路线。如果你不将它们——事实、意见、分析、直觉和灵感——分门别类地给我的话，我就干不成事。

几年前，我的一个最好的朋友，布奇·森特少将，因为对陆军总参谋长看好的一个项目发表反对意见，结果被赶出了总长的办公室。布奇走进去之前，就知道不会有什么好果子吃，所以，当被赶出来的时候，他并不觉得意外。正如往常一样，消息很快传遍了五角大楼。我刚听到消息，就在过道里碰到了布奇。我安慰了他两句。"嘿，"他平静地说，"我让他说得那么起劲儿，他还没付我钱呢。"我永远忘不了他的话。布奇退休的时候，成了一名四星上将。

3. 务必及早告知我

军队里面流传着一个老段子：有一位从空降学院毕业的少尉，第一次监督空投演习。只见他站在空旷的空投区里，看着靠近的飞机。站在他身边的是一位头发花白的中士，他已经历过上百次类似的空投了。那些飞机很快就要投下大炮、卡车和弹药了。

情况一切良好，于是少尉下了空投命令。第一个降落伞包顺利地打开了，第二个却没有打开，出了问题，撞上了第一个伞包，并把它撞散了。这样一来，后面的降落伞包全都搅和在一起，全速向地面冲了下去。撞散的货物漫天飞舞，汽油也着了火，点燃了弹药，地面的灌丛都因此烧了起来，火势迅速蔓延到周边的森林地区。

年轻的少尉站在那里凝视着这场灾难。过了良久，他对中士说道："这个……您觉得我们应该上报吗？"中士答道："少尉啊，我还真不知道你怎么能把这事儿给瞒过去。"

下属们一般都想拼命地把坏消息捂住，不让上边儿知道。有些上司可能对此还比较受用，但我绝对不是那种上司。我的手下历来都知道我定的一个规矩：当你发现有问题的时候，第一时间汇报给我。就正如那条谚语所说的一样："坏消息可不像美酒，会越藏越好。"

第一时间知道出了问题固然重要，但更重要的是要找到解决之道。我总是在我的手下开始着手解决问题前给他们一个指导方针，还会告诉他们有一些可能性是他们不用考虑的。但指导归指导，并不是最后的决策。我也一直向他们声明：在你们没有把问题搞清楚之前，我是不会匆匆忙忙做出决定的。

但我还是要知道问题的所在，要了解问题的全貌，并非知冰山一角。所有的负面消息我都要知道，如果他们不说，我宁愿去局外人那里打听消息，或者自己亲自去弄清楚情况，他们当然不愿意出现那样的情形。

2003年，负责伊拉克巴格达阿布格莱布监狱的美国士兵和审讯员对囚犯进行了骇人听闻的虐待、折磨和羞辱。他们这种不法的行为让人震惊。

那年晚些时候，驻扎在监狱里的一名士兵曾向他的上级汇报了这一虐囚事件，并报告说那些虐囚者还拍了一些照片。在伊的指挥官立马采取行动，开始了相关调查。之后不久，这些消息就传到了国防部长唐纳德·拉姆斯菲尔德和参谋长联席会议主席理查德·迈尔斯的耳朵里。后者在2004年1月上旬告诉布什总统，发生在阿布格莱布监狱的事件正在调查中。但似乎没有人告诉这些高官，那些事件有多么令人发指。1月12日，驻伊美军最高指挥官里克·桑切斯宣布了调查结果。相关士兵被解除职务，等待相应的纪律处分。

那次事件中，调查机制虽然开始运作起来了，但没有全部活动开，通往高层官员的管道始终没有打开。五角大楼的资深官员拿到了虐囚照片，但似乎这些照片从未在拉姆斯菲尔德部长的眼前出现过，也未出现在白宫。导火索正在燃烧，但没人告诉高层们一颗炸弹就要爆炸了。

4月下旬，哥伦比亚广播公司的《60分钟》节目曝光了这一事件。他们获取了照片，并将之公布于众。炸弹终于爆炸了，一切都变得不可挽回。

当看到这些照片时，我十分震惊。美国的士兵怎么能干出这种事？五角大楼和白宫怎么会如此掉以轻心，没有考虑过这种事情可能会被曝光吗？为什么高层不作为？唐纳德·拉姆斯菲尔德是老手了，如果他和他的手下知道了问题的真相，他们会立马评估出这场灾难的等级，总统的手下也具备相同的能力。但几乎整整4个月的时间里，没有人把相关材料递交到部长或总统手里。

当然，即使材料递上去，整个事件也不会奇迹般地得到解决，但至少高层可以早点儿想出应对这场灾难的方法，并把整个问题弄个水落石出。但没有人早点儿告诉总统。

领导者们应该这样训练他们的下属：每当他们脑海中浮现出这样一个问题："嗯……你认为我们应该将这个问题上报吗？"答案应该本能地为："是的，早在五分钟前就该这么做了。"在生活中碰到问题也应该如是，除非你想把日子过得一团乱。

早点儿发现问题，我们就可以联合起来，从各自不同的角度分析问题，而不致于延误时间。

长年来，我多次告诉我的下属：如果你想跟着我做事的话，就不要干出乎我意料的事。当你向我报告一件事的时候，就把这件事说得清清楚楚。

4. 务必警惕首批报告

"杜威击败了杜鲁门"——在美国历史上，这个最终被证实是谣言的最初报道可能是最出名的虚假信息了。在1948年的选举夜里，《芝加哥论坛报》在其头版头条上大肆宣布来自纽约州的州长托马斯·E.杜威击败了总统哈里·S.杜鲁门，成为了新一届的总统。但事实并非如此。那事实是什么样的呢？一张照片可以告诉我们答案：照片中杜鲁门总统一边高举着《论坛报》，一边咧着嘴笑着，那表情活像一只柴郡猫。

1988年7月3日晚，时任国家安全顾问的我接到了一个电话："文森"号①美国航空母舰刚刚在波斯湾击落了一架向其发起攻击的伊朗F-14战斗机。我打电话向里根总统报告，但同时也提醒他，这只是一条第一时间发来的未经证实的消息，而且我觉得这里面可能有问题。我无法理解，一架主要功能为空战的F-14战斗机，为什么要孤零零地冲向一艘处于全面戒备状态的宙斯盾巡洋舰，要知道船上装载的电子设备和导弹要对付它，是绰绰有余的。

不久，另一份报告呈上来了。原来"文森"号打下的那架飞机并不是F-14，而是一架沿着正常航线上升的伊朗空客客机。这一错误导致290人丧生。随后的调查得出的教训是："文森"号的指挥官在收到最初消息后，本应该小心加以核实才对。来自战斗情报中心的第一条报告上描述的是一架战斗飞机正在下降，而事实上是一架客机正在爬升。那名指挥官真不该轻信最初的报告。

还有就是2003年的3月，有最初的消息宣称中央情报局的密探们发现萨达姆·侯赛因身处多拉农场。接着更多的情报称："我们确信他就在农场，我们还知道他待在哪个房间，我们派人盯着他呢。"这些消息让人觉得的确有必要采取行动，于是我们对农场发动了攻击。然后又传来消息说："我们看到伤亡者出来了，我们亲眼看到萨达姆的尸体被抬了出来。"当然，萨达姆被炸死在多拉农场的消息被证实是假的。我并不相信那天他待在多拉农场；即使他在那里，我也认为他没有受伤。但是，如果萨达姆当时藏身多拉农场的报告属实，那么我们就有必要发动这场攻击。

---

① "文森"号：即美国海军"卡尔·文森"号航空母舰。1980年以美国国会议员卡尔·文森命名，属于核动力航母，是美国海军"尼米兹"级航母的第3艘，全长330多米，满载排水量为9万多吨，航速为30节，1982年3月13日服役。从1983年3月至1998年，"卡尔·文森"号航母先后8次前往西太平洋参加军事活动。

2003年11月，格鲁吉亚共和国的第比利斯市发生了抗议游行示威。是议会选举中的猫儿腻导致了这次大规模的群众游行，人们要求总统爱德华·谢瓦尔德纳泽下台。尽管谢瓦尔德纳泽努力控制局势，但暴乱活动随时可能发生。到了22日晚上，小布什总统的国家安全顾问康多莉扎·赖斯女士给我打电话，说有报告称临近的俄罗斯联邦正准备派特种部队去镇压示威者以恢复第比利斯的社会秩序。但是，用这样的军事手段干涉邻国内政只会让事情恶化，还有可能导致邻国产生内战。我觉得这些未经证实的报告有些不对劲儿，有些莫名其妙，我认为有必要核实这些消息。

在冷战期间，俄罗斯的确干过类似的事。当华约成员国有意向摆脱苏联的控制时，它就会使用军事手段加以干涉。1956年爆发的"匈牙利事件"和1968年发生的"捷克斯洛伐克事件"都是例子。但自此以后，俄罗斯和整个世界都发生了巨大的变革。俄罗斯当然会对发生在格鲁吉亚的事件密切关注，我们和俄方也有联系，但我没有看到任何俄方会采取军事行动的迹象。

我让我的下属去搜集一切可能获取的情报，然后去和情报机构核实。我知道他们会拼尽全力的，我必须尽快得知信息。如果赖斯的报告是真的，那我们就面临着一场危机；如果报告属于虚假信息，那我们就要立刻把它戳穿，以免造成媒体误传，否则俄方就会质问我们为什么会听信谣言。我们断然不愿意出现这种情形。

与此同时，我可靠的同行，俄罗斯外长伊格尔·伊万诺夫正在前往第比利斯，尝试在谢瓦尔德纳泽和反对派领导人之间做些调停。谢瓦尔德纳泽当年出任苏联外交部长时，伊格尔曾是他的副手之一，所以两人很熟络，我本人也和谢瓦尔德纳泽很熟。

因为伊格尔所乘的飞机上没有电话，所以我必须等他到了第比利斯的机场时才能联系上他。他一降落，我就打他的手机，我直截了当地跟他说我们收到报告宣称俄罗斯要派遣特种部队。

"科林，那完全是胡说八道。"他回复道，"我们干吗要那么做呢？我对此予以坚决否认。"

伊格尔是知晓内情的人，我也信任他。于是我把他的否认传达给了赖斯博士，就这样，首条报告被证实为谣言，伊格尔则继续着他的调停工作。

那天晚些时候，以谢瓦尔德纳泽为首的政府宣布辞职，一场新的、公平的选举随之展开。

在事情还没变得不可收拾之前，我们就要把不可信的首批报告给扼杀在摇篮里。事实上，我们也的确是这么做的。而"玫瑰革命"①，也就是2003年发生在格鲁吉亚的那一系列事件，也最终成功解决了。

每个事件发生后，都会有首批报告传来。有些报告可能是完全准确的，你可以绝对相信它；有些报告可能是部分正确的；还有些报告则可能是完全错误的。那我们应该如何甄别这些报告并探究出事件的真实情况呢？

凭借着多年来处理上百次首批报告的经验，我在应对它们时脑海中会有一个检验的清单出现：

· 这条报告符合常识吗？深吸一口气，把眼睛擦亮点儿。

· 它和前后发生的事件连得上吗？和它所处的大环境相符吗？

· 我还剩多少时间把这条报告搞清楚？

· 我如何确认它？——发动下属！拿起电话！

· 如果这条报告是真的，而我们延误了行动，会错失什么样的机遇，并带来什么样的风险和损失？

_____

① 玫瑰革命：指2003年11月22日在格鲁吉亚发生的反对该国时任总统谢瓦尔德纳泽及其所领导的政府的一系列示威活动，其领导人反对党领袖萨卡什维利每次公开露面都拿着一枝玫瑰花，因此被称为"玫瑰革命"。最终，萨卡什维利领导的反对党获得了胜利，建立了民主选举的政府，他也当选格鲁吉亚总统，而原格鲁吉亚总统谢瓦尔德纳泽辞职。

- 如果这条报告是假的，而我们过快地行动了，又会错失什么样的机遇，并带来什么样的风险和损失？
- 赌注是什么？
- 时间到了！干点儿实事儿！开始搜寻！

多年来，我处理了许多次信息确切属实的首批报告。针对其中一些报告我采取了行动，另一些则没有。有一些我后悔自己没行动。你永远都要记住，一个聪明的敌人是会制造内容具有迷惑性的首批情报的——其中一些是为了干扰你，让你采取他们希望你采取的行动；还有一些看上去令人难以相信，你可能会对其置之不理，但实际上你却应该据之采取行动。曾有首批报告宣称联军会从诺曼底登陆，而接收者希特勒却对此置若罔闻。

我的经验是，看完首批报告后，别的不管，先深吸一口气。土豆还烫着呢，何必急着伸手去捡？

5. 需要认真面对的五类观众

"沙漠风暴行动"掀起了1991年的首场电视新闻大战。美国有线电视新闻网上的电视播报全都是关于"沙漠风暴行动"的现场报道；广播也不甘示弱；卫星报道向全世界播报着这场风暴的信息。上百个记者蜂拥而入，进入战地进行报道，削尖脑袋搜集战地新闻。

我们中的一些人一边参与战斗，一边还要完成一项附加任务，那就是满足记者们对新闻的需求。我作为参谋长联席会议主席，工作的一部分就是和国防部长迪克·切尼一起应对新闻媒体。在我看来，尽管非议颇多，我们的工作还算卓有成效。

媒体肩负着向美国人民报道新闻真相的职责，因此我坚决认为我有义务尽量向媒体提供战况信息。我有责任协助他们了解我们在"沙漠风暴"中的行动，帮助他们更好地完成工作。同时，我也有义务对某些信息保密，以免影响我军行动或者给我军带来损失。记者们总是渴望知道我不想透露的信息，并谴责我们没有告诉他们所有想知道的内容。媒体熟知他们自身的职责所在，也知道我的职责所在。

由于双方的职责时常发生冲突，我们需要找到平衡点，但做法是否恰当，能做出最终评判的是美国人民，而不是我们。美国人民渴望知道所有关于战争的信息，但他们更坚信政府会保护他们身处战场的儿女。

这些道理在当时人们似乎并不十分清楚。《周末夜现场》提供了一个政府处理和媒体之间关系的好途径，而且符合多数美国民众的想法。《周末夜现场》有一个短剧，讲我和迪克·切尼如何在记者招待会上应对记者们喋喋不休的盘问，他们甚至会问到"我军打算在早上几点钟发起攻击"一类的问题。我觉得人们能理解我们所面临的情况，也理解我们要做的是什么。

我和国防部长切尼一起出席了战争过程中召开的一系列记者招待会。也就是在那个时候，我学会了在当今电子新闻时代如何处理与媒体的关系。任何时候，只要我站在媒体面前，我必须意识到我的交流对象是美国大众，我必须让他们满意。我在自己参与的多数记者招待会中发现了需要认真面对的五类观众：

1. **问问题的记者**。记者是最不重要的观众。你必须记住，你不是面对记者发言，而是通过记者面对观看现场报道的观众发言。但一定要尊重记者。记住，任何采访过程中被问到的问题没有一个是愚蠢的，羞辱记者只会让你看起来像个恶霸。

2. **作为观众／听众的美国人民**。他们渴望了解战争信息，尤其是当他们的孩子和挚爱亲朋身处战壕之中，他们更迫切地需要了解前线的战况。他们渴望从记者招待会上获得信心，确信政府领导知道自己正在做什么。

他们期待政府诚实应答，他们也理应知晓事实。这群观众也包括我们的政府官员。尽管他们身在首都华盛顿，他们中的大多数人也还是第一次听到这个消息。

3. 世界上190多个国家的政府和军队领导人。每个政府或其军队领导人都会针对你的发言向他自己的人民做出评论和解释；要知道很多国家都派遣了军队参与"沙漠风暴行动"，并要服从美国的领导。这意味着，你的观众不仅仅是这些国家的领导人，而且还包括这些国家的人民和无数的家庭。

4. 细心观察和倾听你的敌人。你并不想对他们透露任何对你自己不利的信息。对于一些敏感问题，例如"我们没有足够的燃料完成全部计划，这是真的吗""你们真的能监听到伊拉克安全无线电通信信息吗"或者"巴格达西部有特种部队秘密驻扎的报道是否属实"等，你必须回避，哪怕我们所做出的必要的模糊回答让记者们备感失望。

5. 最后的观众是我们的部队。他们可以通过广播、电视、平面媒体和网络了解战场信息。你是在谈论他们的生活，不要试图欺骗你的士兵。一则你根本骗不了他们，再则他们都指望着你。他们信任你，你永远都不能亵渎这份信任。

如果你是一名高级指挥官，是部队、企业或金融业的领导人，如果你计划在公开场合演讲，你需要对所有观众做详细的分析，以确保你能在提问或者采访中是在与这些真正重要的观众交流。

我猜想肯定有学校在教授这些知识，但这方面的经验是我在工作中积累的。有时候，一位根本没有接受过这方面训练的高层领导有可能被赶鸭子上架，硬推到记者面前，那就有他好受的了。

"沙漠风暴行动"中，我委任卡尔·沃勒中将担任诺曼·施瓦茨科普夫将军的副手。我与卡尔相交多年；他很聪明，我把他看作我的学生。1990年12月，我和迪克·切尼一道前往利雅得参加新闻发布会。大群记者喋喋不休地提问。我和诺曼、迪克都忙得脱不开身。那个月卡尔也在利雅得，虽然他没有任何与媒体打交道的经验，但我们不得不派他去接受媒体采访。卡尔竭尽全力做好了准备工作，努力应付记者的各种提问，还发表了他自己的看法，认为美军可能会在2月中旬准备就绪，发动进攻。但这是一个大大的失误，和之前政府及总统的说法不一致，卡尔当时就糗大了。实际情况是，空军和海军那时已枕戈待旦，只有陆军还需要一些时间做准备。卡尔的言论一时登上了全世界所有新闻的头条，媒体简直high了。

卡尔备感受挫，但我们让他消除顾虑，毕竟这次事件并没有造成严重后果，我们也能够在24小时之内平息舆论的喧哗与骚动。

作为卡尔的良师益友，我当晚就在酒店给他写了个便签，教他如何处理与媒体的关系。这不仅仅是两个朋友之间的便签：

卡尔，面对媒体，谨记：

1. 他们提问，你需要做的就是回答。

2. 不想回答的问题，没必要强迫自己回答。

3. 永远不要撒谎，也不要遮遮掩掩。但注意不要过于坦率或者开放。

4. 就未来提出的假设性问题，不必作答。

5. 不要透露你给上司提供的个人意见。

6. 你的回答应该直接为读者或者观众提供有用信息。记者并不是你最终的受众。

7. 记者在做本职工作，你也是，但你却是承担风险的一方。

8. 不要臆测未来。

9. 除非是在做新闻简报，否则尽量避免使用俚语和笑话。

10. 家丑不必遮掩。

11. 如果你不赞同提问的前提条件，那就不必回答这个问题。

12. 如果感到很为难，就不必作答，也不要陷入被动，被逼作答。

13. 如果你掉进了记者们的圈套，你可以含含糊糊地作答。

14. 不要咳嗽，也不要挪脚。

15. 如果回答完了遭到记者的追问，你就麻烦了；直接打断提问，强调回答的权威性，加强语气，或转移话题，避免一味地纠缠在一个问题上。

随着年事渐长，我也学会了更多：

接受采访最长的时间不能超过30分钟，一旦超过30分钟就得设法开溜。

我从不在吃饭的时候接受录音采访。这样会让你过于放松，误以为自己正在和好友闲聊。

永远不要转动椅子、抓耳挠腮，这些动作通常是你陷入被动的信号。

不要停顿下来思考下一句该说什么。边思考边讲话，哪怕重复一下问题也无所谓。

1987年，我明白了"你自己必须独自承担风险"的工作原则，那时候我担任总统的国家安全顾问助理，刚刚接受了星期六早间电视节目《大卫·布林克利本周任务》的采访。那是我第一次面对镜头接受采访，我应对得还不错。采访接近尾声的时候，该节目的常客，知名记者山姆·唐纳森，拿起话筒，以不依不饶的姿态问我："我们凭什么要相信你？你是军队高官，最近的'伊朗门'事件牵涉到很多部队高级军官，我们凭什么信你？"在节目最后仅剩的一分钟时间里，我慷慨陈词，阐述为什么我值得信任。节目结束后，我观察了一下山姆的反应，我觉得在这个回合里我是赢家，我赢了！

对于我的真诚，山姆微笑以对。他说："将军，当你面对记者的时候，你就是承担风险的一方。我永远不会输。"我会永远记住这句话。

他后来又说："即使你觉得自己胜券在握，也千万不要在我们面前露出得意之色。"

这话不错，但你如果着急了，冷汗直冒，也千万不要让他们发现。

鲍威尔的秘诀

· 虽然安装各种网络传输所需的新的软硬件难，但改变人们大脑的软件更难。

· 你必须给你的士兵配备他们必需的武器，只有这样，他们才能完成任务，否则，他们不会相信你，也不会真的为你的任务和目标倾尽全力。

· 我们也许不能总是打败维基百科或者谷歌，但我们不妨尝试去打败他们。

· 真正的思维变革比人事变革历时长久。

· 如果你不能及时获得正确的信息，并且不能将真实信息与臆测区分开的话，那你就无法做出正确的决定。

· 我们需要这份勇气，我们还要鼓励下属也敢于说真话。不到万不得已、既成事实的时候，我都不愿意说："哎，你为什么不早告诉我？"

· 如果你告诉我你知道的和不知道的，我以此为基础进行应对，那么，我的经验增加了，你的学问也扩展了。如果我的决策是错误的，那我要负责任，你也有责任，该是谁的责任谁也逃不掉。所以，欢迎大家讲真话！

· 当你发现有问题的时候，第一时间汇报给我。就正如那条谚语所说的一样："坏消息可不像美酒，会越藏越好。"

· 第一时间知道出了问题固然重要，但更重要的是要找到解决之道。

· 在事情还没变得不可收拾之前，我们就要把不可信的首批报告给扼杀在摇篮里。

· 我的经验是，看完首条报告后，别的不管，先深吸一口气。土豆还烫着呢，何必急着伸手去捡？

· 如果你是一名高级指挥官，是部队、企业或金融业的领导人，如果你计划在公开场合演讲，你需要对所有观众做详细的分析，以确保你能在提问或者采访中是在与这些真正重要的观众交流。

· "将军，当你面对记者的时候，你就是承担风险的一方。我永远不会输。""即使你觉得自己胜券在握，也千万不要在我们面前露出得意之色。"这话不错，但你如果着急了，冷汗直冒，也千万不要让他们发现。

我赢定了：鲍威尔生活和领导的艺术

It Worked for Me:
In Life and Leadership

8.松鼠逸闻——与里根总统共事学到的

5.是解决问题，还是在制造新的问题

4.让下属愉悦地执行你的指令

7.卓有成效的『后查机制』

2.一支队伍，一个目标

6.30天后，你来担纲

1.新人须知

3.全力争胜

10.必须有可以替代的人

9.如何召开各种会议

12.该放手时就放手

11.到站了，就下车

第五章

为达目标，要有150%的投入

1. 新人须知

　　与决策部门的新人共事时，我会告诉他们我对他们的期望，这通常大有裨益。新人大多紧张不安，试图取悦上司，行事小心翼翼，如履薄冰。几年前，我的一位助手总结了我对新人的一些建议，并记录了下来。现在我把它们稍做修改，抄录如下：

如何胜任我的助手一职——下属须知

如有任何不确定之事，直接向我询问，无须犹豫。

　　我总是跟我的助手们说，你们在对我的指示未能充分理解的情况下，就不应该采取任何行动。如果你心存任何疑惑，可以直接向我询问，我会重新向你解释指派给你的任务。如果仍然不清楚，你可以和我讨论到你完全理解为止。倘若你仍然不确定，那就轮到我困惑不解了。这时候也许是我对自己要求你做什么缺乏清晰透彻的认识，那么就是该我坐下来仔细考虑考虑了。通常，我会发现我的分析存在错误。

禁止代我签名。

　　我的一位前任上司，国防部的约翰·凯斯特先生是一名严谨审慎、注重细节的律师。从他那里，我学到了这一点。凯斯特先生从来不允许任何人代他签名，也不能使用自动签名笔。因为他的签名具有法律效应，他签署过的文件经得起法庭或任何部门的审阅。他还有一个习惯，只有当文件署名之后，他才会承认该文件的法律效应，因为只有在他签名之后，这个文件才是合法的。

在我的整个职业生涯中，我一直遵循着这一原则。作为国务卿，我的工作之一是签署委任书，并将之发给经参议院确认和总统任命的政府官员们。这些官员蜂拥而来，但我只能一份一份地签署。当我的儿子迈克被任命为联邦通信委员会主席时，我也只是在签字后画了一个笑脸。

当然也有一些例外的情况。"沙漠风暴行动"过程中公众的邮件如雪片般涌来。我相信每位来信的市民都期望并且应该得到回应，但我无暇在每一封回信上署名，于是只好授权几位助理人员替我用自动签名笔签字。

禁止以我的名义使用钱款。

我的私人助手通常都会拥有一笔个人可支配的现金款项，以备日常工作之需。当金额不足时，他们可以向我申请更多的钱款，但绝对不可以挪用私人基金替我埋单、买邮票或剃须膏。此条例绝不会在任何情况下向任何人破例，否则就属于滥用职权。此外，绝不可向助手借钱，或借钱给他。

避免"上司需要"综合征——除非我真的需要。

"哎呀，我办公区楼下的浴室看着真破，你知道吧。"你随口说出这句话，还没明白发生了什么，就已经有人预定了15,000美元的翻新服务，还签了合同。

翻新大概只需用到一加仑的油漆，价值20美元，很快，国会认为你在政府办公房屋装修上花费过多，你必须对此做出解释。更糟糕的是，

《华盛顿邮报》还准备发表一篇3页纸的披露文章。一些看起来很便宜的维修，一旦单位负责维修的工程师想把他们自己超额开支的一部分也加进来的话，他们就恨不得把你的办公室和整个单位都翻修一遍，最后费用自然就会变得昂贵无比。

因此，你自己必须小心谨慎，要结交耿直可靠之人，否则一句普通的嘀咕都可能让那些官场油滑之徒闻风而动，借机取悦上司或老板。要不怎么会有那么多大公司的老板会因为一张75,000美元的会议桌而身败名裂呢？如果我真的需要什么，我会明白无误地告诉你。

对于提问之人，有问必答，但须机智，切记：你我之间的谈话属于机密。

前任纽约市市长埃德·科克曾经逢人就问："我这个市长当得怎么样？"

每个人都希望知道自己做得好不好，都想知道老板是怎么想的，会议进展得如何，老板心情可好。埃德就在问他的老板这个问题，只不过他的老板是那些选民。

我需要知道我的职员对我工作的评价，他们也应该知道我对他们的看法。但我们之间的交谈是私人的，始于办公室，止于办公室。

任何机构都爱飞短流长。下级渴望知道上司的所思所想，但自己不能去跟上司八卦。每个干练的领导者也都会和职员交流他的想法，但有时候，批评、赞誉或指正之言不应由领导亲口说出，而应出自亲近的助手之口，在外人看来似乎是领导授权让其转达。比如，某位下级提交给我一份特别糟糕的材料，然后他去问我的助手："嘿，头儿是不是气疯了？"

"别担心，他知道你下星期会修改好的。"

或者说："我从来没见过他发这么大火儿。哥们儿，你最好周末前把东西都弄好，不然他会像扔茅坑里的臭石头一样把你扔出去的。"

为了整个部门的和谐有序，助手偶尔也必须说一些无伤大雅的小谎，夸一夸这些下属。因为人的自尊是非常有趣的东西，必须小心拿捏。

毫不例外，我也需要知道别人对我的评价。

与前任纽约市市长不同，我有自己获得反馈信息的方法。每次演说之后，我从来不会问对方自己表现如何。我演讲的地方安排有助手，他会询问对方的助手，刚才的演讲怎样，演说人表现如何。助手们总爱说长道短，因此我通常都能获得有用的反馈。当我们没有得到回答时，我就知道我做得不够好，最好反省一下。

阿尔玛及我的家人与我的工作毫无关系。除非事出紧急，否则我不会停下公务，接听她的电话。

我深爱我的家人，他们是我的生命，但并非生命的全部。他们在我生命中所占的位置不应占据我的工作时间。

我的妻子阿尔玛清楚地知道，好篱笆筑就好姻缘。篱笆那边，她操持家务，照顾我和孩子们；篱笆这边，我处理政府的事务。阿尔玛从来不过问我工作上的事，无论是方针政策，还是流言蜚语。吃晚饭的时候她也不会盘问我最近在做什么。我们结婚10年之后，她才弄清楚不同级别军衔肩章的区别。升任准将之前，有一次我去礼仪学校，因为阿尔玛在那里学习，那时陆军参谋长伯尼·罗杰斯将军对我们说："在接下来的几年时间里，我将不得不把你们其中的某些人剔除出去，原因是你们的妻子会得意扬扬，好像她们是将军一样。我知道你们现在不相信，但走着瞧吧。"他是正确的。阿尔玛也一直没有忘记他的话。阿尔玛聪明机警，她什么都知道，但是在家里，我们都把进门处的门槛看作一道严格的界限，槛内槛外，公私分明。因此，她往我办公室打电话的时候，心里都清楚我可能不会立即接听。

我家里其他人也同阿尔玛一样，有此觉悟。

不要让任何人等在电话机旁——打回去！

这一条是我很久以前提出的。那时候电话还没有语音信箱，没有呼叫等待，没有呼叫转移——这对现代社会来说好像有点儿像梦魇。我觉得让人等电话是非常不礼貌的行为，是在浪费他人的时间。如果你不能立刻给他们回电话，那就告诉他们你会再打回去，然后一定要说到做到。只要有一个电话没回复，我都不会结束一天的工作。

我担任国务卿的时候，总让办公室的门开着，因为这样我就能知道外面办公室的情况。我经常听到外面有电话一直响个不停，最后转入语音信箱。这实在令人难以忍受。国务卿办公室的电话绝对不允许无人接听而转入语音信箱。电话铃响3声之后，就应该有人接听，接听者应语气亲切，即便是我也不例外。不过大概没有人真的想让我接听电话吧。我要求每通电话都能妥善处理，或者转接到能妥善处理的部门。我希望听到人们说："哇哦，我给国务卿办公室打电话，而且打通了呢。"

开会时我不希望被打断。我会提出很多问题。我喜欢提问和讨论。

如果我在开会，我就真的是在开会。我开会的话，会议应该是开放的、具有启发性的，所有的人都应视时间神圣无上。

我认为会议要深入探讨当前需要解决的问题，任何人都可以自由提问，使整个会议探讨的议题能由表及里，深入本质。而且我喜欢被质疑，不要以为我早知道了问题的解决方案，我要是知道，就没必要开会了。

会议是神圣不可侵犯的。不要突然闯进来对我说有谁打电话或者有什么事需要我处理。我尊重其他与会人员。我不想浪费他们的时间，因为他们的时间和我的一样宝贵。如果你打断了我，最好确保事出紧急。

与下属打成一片。

职位越高，与群众的关系就越容易疏远。必须努力跨越与下属间的重重障碍，尽量了解他们。

　　担任国务卿期间，我总是让人把办公室的门都敞开；虽然我在一个小单间里办公，与手下工作人员的办公桌隔着一个非常正式、收拾整齐的会谈区间，但我能注意到办公室里发生的一切情况，打电话的声音、傻笑声、讥讽声，这些我都听得见，日后也可问责。有事汇报的职员也能透过敞开的大门看我是不是在忙。即便有时候不得不把门关上，但若有人须请示我，只要我不忙，也会让他们进来。

我希望能通过多种渠道了解下属的言行。

　　所以，任何事情都可以向我汇报，不必犹豫。一个人职位越高，越需慎重考虑各级下属的言辞，不可偏听偏信，脱离实际。下属总是好意，但也可能让你罔顾民众的真实境遇。你必须走出办公室，脚踏实地，接触民众。当你身着皇帝的新装，自鸣得意时，必须有耿直忠心的助手和朋友提醒你什么也没穿。在军队里面，牧师、监察长以及军士长总会提醒你不可脚踩浮云、脱离实际。总而言之，切记，你自己也曾是普通公民，不可与中下阶层脱离联系，对他们不闻不问。

未经汇报，不可代我接受任何演说邀约。

　　也就是，不能在我不知情的情况下，在日程表上安排其他任何活动。我必须能掌控我自己的时间，这是我唯一真正拥有的财产。未经我个人允许，不能接受任何预约、任何活动安排，不能随意变更日程表。当然，日程表上未经预定的时间除外。我办公室的门尽量开着，如果你确实有事要请示，只要我不忙，不在打盹儿，你都可以进来。

日程安排须准确。记下所有来电、所有与我会面之人。我都会回电。

　　年纪越大，对我而言，这条越显重要。我的记忆力几乎没有问题，只是没以前那么准确迅速罢了。准确无误的日程表和来电记录对我来说意义重大，它们曾多次提醒我，有急事需要办理。

但是，在当今社会，是否应该做记录已成为一个颇为棘手的问题，特别是对于那些身居要职、具有重大公众影响力的人而言。信息革命、电子邮件、信息自由法案以及维基解密的存在都提醒我们记录个人信息时应该小心谨慎。从历史的角度来说，这些记录具有重大意义，但由于大众如今的谨慎态度，只怕大量信息未留记录，会让历史学家日后失去考证的依据。

记得有一次，我以证人的身份出现在联邦法庭，原因是法庭要求我解释我之前在记事簿上草草写下的含糊不清的几个词。因为只是几个词，而且没什么实际意义，辩控双方的律师都觉得可在这方面大做文章，添油加醋，各陈其词。

情绪低落或心情烦乱之时，我暴躁易怒，但这有助于消除疑虑。

我总是尽力保持平稳的心境，但我是人，并非机器。有时我会沉迷于某个问题，遗忘了周围的人，或者对他们态度粗鲁。有时我控制不了自己的脾气，因而大发雷霆。这些时候，不要来打扰我，让我一个人静一静，我很快就会平复心绪。别把这当作一回事，我发火只是因为某个问题很让我困扰。总会有人撞上枪口，我也没办法。

切记守时，不可浪费我的时间。

守时能体现一个人严肃、自律、惜时、礼貌的品性。在军队里，需要学习的第一件事就是守时，这并非儿戏。以前的战争片里，指挥官们的手表时间总是一样的，这是为了行动的统一、准时。我在步兵学校学习的时候，就被教官说要随身携带手表、钢笔和记事本。

守时一直是我的准则。我说了会议在什么时间开始，不管你来没来，会议都会准时开始。如果有人因为某个约会而迟到了，会议就可能会被取消。未能准时召开、持续时间过长的会议就是在浪费大家的时间。

当然在特殊情况下，会议可以延迟召开，但你不能因为未能合理规划自己的时间而迟到。如果会议不能准时召开的原因是某人的不自律或缺乏时间意识，那么你可以想象，我会很生气，后果很严重。

媒体曾报导过小布什总统的逸事，如果你未能准时出席会议，总统先生会当着你的面把门关上。有一天，我因为一通重要的电话而未能准时参加内阁会议，迟到了大概1分钟。当时会议室的门已经锁上了，后来门打开了，我趁机溜了进去，惹来众人哄笑。这是一个教训。有些记者因此就说小布什总统对我不满，当然那是没有的事。让我感到宽慰的是，他对每个迟到的人都这样，即便是他的白宫办公厅主任卡尔·罗夫[1]迟到了也照样吃闭门羹。

相比口头汇报，我更喜欢书面报告。书面材料更有约束力。

我的确喜欢听人争辩和做口头陈述。犀利严谨的陈词固然很好，但笔写纸上终究强过口头一说。开会前开列一份包含各种解决方法及反对观点的绝佳问题分析报告，给与会众人，供其研究，这有利于让随后的会议变得更有成效。一个人独自待在家里或办公室里的时候，也可以拿起这份报告，看看是否有矛盾和不足之处，这有利于你做好倾听口头辩论的准备，有利于你避免轻易被倡议者的演说技巧所煽动，而会根据其阐述的内容做出决定。

---

[1] 卡尔·罗夫：被称为"小布什的大脑"。在10年之内，他就把小布什培养成了总统候选人，又协助小布什策划竞选总统，辅佐执政，堪称他的"建筑师"，深得小布什的信任和敬重。

处理大量纸质文件，这是我的兴趣爱好。

我一直是一位优秀的参谋人员，习惯了每天阅读和"咀嚼"大量文件。我的阅读速度很快，我擅长快速浏览信息并剔除无用的空话。我很喜欢这份工作，并且养成了在所有文件递交当天就做出回应的习惯。有些时候，即便我在办公室里无暇处理这些文件，我也会把它们带到家里，第二天就予以回应。如果你提交了一份文件，而在24小时内没有得到答复，那么这一定不是我的原因。你最好考虑一下我为什么没回复，通常这不是什么好兆头。

确定递交的文件措辞妥当，不要出现一些标新立异的表达方式。

我希望递交上来的文件尽可能没有瑕疵、必须是手写的，忌用虚饰浮夸、言过其实的官场套话。记住，写书面报告就像当面与我交谈。另外，还有一点需要注意，那就是不要采用一些标新立异的表达方式，这是约翰·凯斯特先生教给我的。这些年人们喜欢使用一些花样翻新的文体，我自己的文件中也时有出现，但我仍坚持认为写完文件后应该仔细审读每句话，避免使用某些"时髦的"表达方式。使用什么样的表达方式不是重点，重点是你们应该认真审读你们写下来的每一句话。

千万不可有违法之举。

这一条需要解释吗？

不要制造"惊奇"。我不喜欢出乎意料的事情。坏消息不会随着时间的流逝而变成好消息。所以如果有任何问题，我希望提前知道，越早越好。

如果你行事稳妥，有一支可互相信任的工作团队，那么即便是最坏的消息，这些人也会及时报告给你，而不会有任何疑惧。你的团队应该知道他们告诉你这个坏消息后，你不仅不会大发雷霆，还会给予他们指导，以便解决问题。团队中所有人都应互相信任，对彼此有信心，这会让你找到所有问题的解决之道。

我说话喜欢简洁准确，也常有敷衍搪塞之词，所以不必对我所说的话过分在意。

我喜欢言简义丰的陈述句，说话力图简洁准确。所以不必对我所说的话过分解读。如果我敷衍你，你也不必不安。敷衍是为了简洁，不必有太多想法。出于某种原因，我经常敷衍他人，当然你是不知道出于什么原因啦。

不要急于做决定，应该注意把握时机并做出正确的决定。

做决定时应该把握好时机。一名指挥官在战场上遇到紧急情况时，他考虑的第一个问题通常是："我有多少时间来做决定？"他会利用三分之一的时间进行分析和决策，剩下三分之二的时间留给下级，让他们去做部署。因此你要学会充分利用自己的时间，不要仓促决策。你自己和下属都应该仔细考虑分析，然后将所有信息收集起来。当你获得所有信息的百分之四十至百分之七十时，那么你就可以考虑做出决定了。当然，你不能犹疑不定，斟酌过久，错过了最佳的决策时机。

部队里有一个词叫"繁务缠身"。在政府机构里做事，一旦"繁务缠身"，情况就会变得非常糟糕。如果你纠缠在某个问题上，耗费了大量的时间与人力，你就"繁务缠身"了。你不能一拖再拖，错过了解决问题的时机，真到了那个时候你后悔也没有用，那真是"过了这个村儿就没这个店儿了"。

几年来，我发现新来的下属都喜欢这些条例。这些东西让我们共同谱出和谐的乐章，不过我也不是只靠着这几点来维持新团队的和谐的。这一点时常让他们感到困惑，但他们很快就会理解。

　　我告诫他们："我们在一起共事的前几星期，我会经常挑剔并指正你们的言行举止，这可能会让你们疲于招架，觉得自己做得不好。但几星期之后，等我们互相了解、互相适应了，我就不会再有那么多的建议和指导，我们将会相处得轻松愉快。"

　　同时，我会经常"拷问"新职员，以便更快地增进了解。

　　新职员应该尽快融入团队这个大家庭。营造一个开放的环境，那么你的团队就会总是胜券在握，不会让你失望。因此，在我担任政府高官期间，从来没有人向总检察官投诉过我。

2. 一支队伍，一个目标

　　早年乔治·朱尔万将军在担任南方司令部的指挥官时，每发布一道指令，他都要在结尾处加上一句口号："一支队伍，一个目标。"他也会用这句话与下属打招呼。听惯了将军的这句口号，我们时常会会心一笑。他的观念很好，值得我们牢记在心。这句话时时提醒他的部队，人人都要团结一心，为共同的目标而奋斗。无论什么时候，这都是个好观念。

　　担任参谋长联席会议主席时，我就努力发扬这句话的精髓。参谋长联席会议主席只参与指导军队事务，并无实际军事指挥权，参谋长联席会议主席只能劝说和影响海陆空三军和海军陆战队，由这些部队的司令官来组织、指挥具体的军事行动；除了海陆空三军和海军陆战队的司令官外，参谋长联席会议的其他成员也都只起指导作用。对我来说，理解这种双重职责意义重大：既要让他们发挥部队指挥官的作用，更要让他们尽到参谋长联席会议成员的重大职责。

　　我努力营造"一支队伍，一个目标"的氛围。为了突出其精髓，我还制作了一个手册，并在手册的前言中写下了这些话：

一支队伍走上战场，那这支队伍中的每个战士、每个技术能手就都要团结一致，帮助队伍取得胜利，队伍中的每个人都要尽己所能，因为整支队伍中所有的人乃至我们的国家和每个家庭都期盼着胜利。

所以，军队上了战场，就要战无不胜、攻无不克。

陆军登上阵地，就要坚信自己的军队是全世界最优秀的地面部队。

飞行员腾空而起，就要坚信自己在空中无可匹敌。

在海军指战员的眼里，海面上没有比他们更强大的舰艇部队。

一旦舰队攻上海滩，就要坚信世界上没有能阻挡他们的步兵。

他们必须牢牢记住，每个人都是整支团队中的一员，必须团结一致，整体作战才能取得胜利。

这就是我们的历史，我们的传统，也是我们的未来。

我的脑海里又出现了几年前我在国务院工作时的一些情景。国务院由外事人员和辅助他们的一些行政职员和专家组成，这些辅助人员包括支持使领馆事务的公务员和在使领馆服务的当地工作人员。那些外事人员、我们的各类外交官包括大使们都是精英级的人才，他们自然声名在外，但我们的行政辅助部门同样人才济济，包括了一批专业精湛、能力出众的行政工作人员。

每年我们都会举办"外事人员活动日"，在这一天，退休的外事人员可以回到国务院检查工作和汇报情况。

我想打破国务院的外事部门和行政辅助部门之间存在的文化壁垒及其他隔阂，于是开办了中高级行政管理人员领导艺术培训班，并采取了其他一些措施强调行政管理人员的重要性。

为此，我决定改"外事人员活动日"为"外事活动日"，活动当天也邀请退休的行政人员出席。

这一下炸锅了！外事人员们顿时出现了喧哗与骚动，他们仿佛感觉有人拿走了他们的某些东西。有人私底下议论说恐怕会有很多外事人员不会来参加活动了。我们担心，要是出席活动的人真的不多，该怎么办。但是到了"外事活动日"这天，观众席上坐满了外事人员和大批的行政辅助人员，没有人缺席。外事人员同样明白团结的重要性："一支队伍，一个目标！"

我熟悉的所有领导人都真切地意识到有必要向下属传达"一支队伍，一个目标"的精神。这种精神从领导那里传达下来，会深入整支队伍。在这种精神的激励下，一支队伍的各组成部分将团结一致，各种力量将凝聚在一起，努力实现共同的目标，而绝不会四分五裂。

我也见过许多组织机构，他们的各部门各自为政，甚至分散、敌对。这样的机构通常都会失败。

3. 全力争胜

军队鼓励竞争。战争本来就是竞争，是对目标、备战、毅力、勇气、冒险精神和行动能力的终极考验。商场一如战场。事实上，几乎在每个有人的地方，只要人们分成了两个队、两个组或两个阵营，就会有竞争。

人们需要检验自己，证明自己，竞争并不仅仅只是为了显示自己比其他人或其他队伍强，也是为了表明我们曾经为提高自己的技能尽全力训练过。赢得胜利非常重要，而且赢总比输好，但是完善我们的技巧和能力更为重要。

1986年，我在德国担任第5军军长时，部队参加了两次重要的国际军事竞赛：一次是"伯泽拉格尔"大赛，一次是"加拿大杯"竞赛。这些都是世界级的赛事。"伯泽拉格尔"每年举行一次，是为了挑出北约最好的骑兵部队；"加拿大杯"是为了选出最好的坦克排而举行的激烈的竞赛。如果你不付出非凡的努力去训练你的军队，他们将毫无竞争力可言。所以你需要做的是：挑选好你的代表队，竭尽全力找到部队中最优秀的指挥官和技术能手，并把他们派到选好的队伍中去。然后你赋予他们训练时使用弹药的优先权，允许他们进入射击场，提供他们所需的所有资源。其他部队也得为这些"超级杯"的参赛者让路。

但从实战出发，这种比赛对部队建设并没有多大帮助。一旦开战，你不可能只派你的"超级杯"队参战，每个连都得投入战斗。但我还是在不违背原则的前提下尽了一切努力去赢得比赛的胜利。我本不愿意缩减其他各支部队的开支，但既然决定参赛，那就一定要赢，那就得全力争胜。你必须汇集资源，向那些被缩减开支的队伍解释原因，然后朝着胜利挺进。

后来我在比赛开始前被调到了白宫，但我们选派的代表队还是在两个赛事中双双获胜。要知道，从来没有一支部队能在同一年同时赢得这两个赛事。

在我职业生涯更早一些的时候，有一个例子更能说明全力争胜的重要性。那时我还在韩国做营长。

当时我每天都定时在营区内检查。有一天，我看见一个兵从旅部走了过来，他穿着军礼服，而不是我们平常的军装，看起来有些情绪低落。他向我敬礼，我问他怎么了，像刚从军事法庭回来似的。

"我刚参加完'士兵之月'竞赛，"他告诉我，"是由一群老班长做评委的比赛。"

"表现得怎么样？"我问。

"不咋地。对不起，长官。"

"谢谢，你尽力了，我的勇士，"我跟他说，"没能打赢比赛可惜了。"我对他深表同情，"顺便问一下，"我又问他，"你是什么时候知道你要去参加比赛的？”

“昨天晚上。”

我拍拍他的后背安慰安慰他，然后径直走向我的办公室，召开了一个班排长会议。“我们再也不能这样做了，”我告诉他们，“我们不能再在没有训练好士兵或是没有给他们足够时间做准备的情况下，就让他们参加比赛或上战场，任何赛场，任何战场！这是我们做指挥官的必须做到的；我们要时刻做好准备，让我们的部队战之能胜。”

在接下来的几个月里，我们营都赢得了“士兵之月”竞赛的胜利，直到其他营的指挥官也开始向我们学习，努力训练他们的士兵。

有时候努力会带来意想不到的结果。

1976年，我当时在第101空降师第2旅任旅长。我们组织了一支队伍去参加师里的年度拳击比赛，那是一支相当不错的队伍，还有一个很棒的教练。我们就是去赢得比赛的。但是我们少了一个人选，我们没有一个能参加次轻量级（120—125英镑）的拳击手。直到有一天，我的副官吉姆·哈卢姆斯找到了一个个子非常小的年轻大兵，皮·威·普莱斯顿。皮·威从没有参加过任何拳击比赛，而且他个头很小，但他可以参加次轻量级比赛，而其他部队面临的困境是找不到一个能满足那个重量级标准的士兵。这样的话，如果对手犯规，我们就能够晋级。我们问皮·威是否愿意加入拳击队，告诉他也许不用跟对手血拼就能打赢。他同意代表我们旅参赛……尤其当我们向他保证，如果他赢了，他就不必跟随他们营一起去巴拿马参加丛林训练，要知道皮·威怕蛇怕得要命。

我们坚持要求他像其他人一样刻苦训练。他学会了拳击的基本知识；他平时打沙包、练拳、跳绳，像其他人一样训练。

比赛的那个星期到了，我们队表现得很好。皮·威上了两次拳击场，因对方违规超重，我们直接得分。但就在第三天晚上，麻烦不期而至。另一支代表队竟然“发掘了”或者说是“引进了”一名几乎可以跟巴拿马杰出拳击手罗伯托·杜兰媲美的巴拿马籍次轻量级拳击手，他将与皮·威决斗。天哪！

我们告诉皮·威，他可以直接忽略我们之间的协议，不用拼命也可以留下来。但是他说想上场搏一下。他们营当晚将动身开赴巴拿马，营里的战友都在台上看着呢，他不想让战友们失望。

皮·威上场了。对手的双拳开始了雨点般的迅猛攻击，皮·威并不急于还击，但是他挡住了对方的击打，用在拳击队学到的方法——举起胳膊，牢牢地护住了他的头部和身体。就这样，他挺过了第一个回合。我们这边欢呼起来，但还是有些底气不足："好样的！皮·威！挺住，哥们儿！"第二个回合重复上演了上一个回合的场面，皮·威又挺住了。他状态很好，也没有受伤，倒是他的对手开始气喘吁吁，神情沮丧，一次次徒劳地努力击打着皮·威。为皮·威喝彩的声音变大了。他始终没有还击，但他斗志高昂，精神饱满！第三个回合开始了，他的对手慢慢走进场中，显得筋疲力尽、不堪一击，由于不停地进攻，他已经脱力了，根本就不在状态！想必大家也知道接下来会发生什么了吧：皮·威挥起重拳，一击中的，对手立刻丢盔卸甲，倒地认输了——皮·威取得了压倒性的胜利！

他的弟兄们在看台上乐坏了，皮·威成了101空降师次轻量级拳击比赛冠军。我们从未想过他必须去迎接这样的战斗，但他已经做好了充分的准备，他已经准备好了去赢得任何比赛。

可惜的是，后来我们去北卡罗来纳州的布拉格要塞参加第18空降军的拳击赛，皮·威遭遇了第82空降师挑选的一名真正的拳击手，他败下阵来。但没有关系，他已经做得很好，为自己和我们这支队伍争了光。

竞赛有很多种。你可以参加一场有益的比赛，一场不仅仅是为了夺得冠军的那种比赛。我知道在部队里就有各种各样的比赛，像什么"最佳军械库"大赛、"最佳士兵"大赛、"最佳文职人员"大赛、"最佳军械养护"大赛，应有尽有。每个月都可以参加这些比赛，但一定要遵循这条准则：每个人都必须全力争胜。

没有竞争，我们会变得呆滞、盲目、松懈，不仅让身体失去活力，也会让精神变得疲惫。

4. 让下属愉悦地执行你的指令

"这是命令！"很久以来，电影里总是出现这句老套的台词，通常出自无能而又盛气凌人的将军之口，因为他的大嗓门儿，所以人送外号"大喇叭"。在部队里我就不愿意被人叫作"大喇叭"，同样地，当我做了国务卿以后，我就开始讨厌"刻板外交官"这个绰号。当然，你知道，人们难免对某些行当形成某些固定的看法。

在我35年的军旅生涯中，我从来不记得有哪次对任何人说过："这是命令。"直到现在，每每想起在部队的日子，我也不记得曾经听到有谁说过这句话。不错，你当然希望自己的命令分毫不差地立即得到执行，哪怕执行者心里感觉有点儿犹豫或者不愿意。你不需要咆哮，只需要告诉他们怎么去做。

总有比吼叫和咆哮更好的办法让人执行你的命令。当领导的要懂得如何将自己的意志灌输给下属。聪明且有天赋，还能与自己的下属打成一片的领导，经常会不动声色地带动下属，让下属执行命令。如果时间允许的话，设法获得下属的支持将比直接阐明目标和布置任务更有成效。美国兵需要的是引导，不是使唤。

20世纪60年代初，大卫·舒普将军出任海军陆战队司令。当时海军陆战队的军官普遍流行手持轻便手杖和短马鞭。这个传统源自英国殖民地文化，其实都是些过时的玩意儿了。在一些关于二战的电影里我们还可以看到英国军官拿着轻便手杖的情景，今天你可能在英联邦国家里仍然可以看到这种传统的装饰物。我年轻做中尉的时候，也有过一根，现在还珍藏着。我的那根是1957年我在预备役军官训练营时的教官阿蒂斯·韦斯特博瑞中士为我亲手制作的，我很骄傲地拿着它给士兵们分配任务，也用它来敲击腿的侧部。

后来，轻便手杖在军队里渐渐地不怎么流行了，但是海军陆战队还是保留了这个传统。舒普将军认为是该淘汰它们的时候了。作为司令员，他只需一声令下就能禁止部下再使用这些东西，但是舒普是个非常聪明的领导人，他采用的方式没那么粗暴，他只是发出了一条指令，说："如确有必要，军官有权携带轻便手杖。"

一夜之间，再也没有人携带轻便手杖了。我经常想，舒普将军想到这个说法的时候该不会笑出声来吧。他了解海军陆战队的秉性，知道他们不会让人那样侮辱，他们会说："我们当然根本不需要。"

每个单位都会有类似"轻便手杖"这种有着悠久文化传统的东西。是的，如今它们过时了，就不必再保留了，但要做到这点，你现在应该不难找到一个让所有人都乐意接受的办法了。要让人们不必为难，不必纠结，愉快地淘汰过时的事物。

5. 是解决问题，还是在制造新的问题？

很多年前我还是一名下级军官的时候，我们做的一件事情是想方设法提升部队的士气，还要努力跟上新一代年轻军人的节拍，营造军营的和谐氛围。但是同时对那些外出酗酒、被判酒醉驾驶，甚至酿成车祸的士兵，我们也需要毫不犹豫地将他们开了。

有人出了一个主意，说可以在营房里安装啤酒售卖机，这样士兵就可以直接在军营里买酒喝了，多方便。班长说，你这完全是个馊主意。不限制饮酒只会助长歪风邪气，士兵一旦毫无节制地喝酒，只会在营房里引发骚乱和打斗。

相反，士兵们却积极响应这一提议，纷纷要求付诸实施，由于很久都得不到回应，士兵们还开始怨声载道。

在军营里安装啤酒售卖机真的可以消除不满、鼓舞士气吗？我们不少军官持肯定的态度。

但一个很有经验的班长冷静地跟我指出了这个提议的错误所在，他说："上尉，那么做并不能让士兵们不再抱怨。装上售卖机了，到时候他们又会抱怨啤酒品牌不好，档次不高。除非他们喝高了，否则抱怨就不会停。"

后来我们终究没有把啤酒售卖机装进军营。今天我们的军队努力使部队远离酒精，这样的部队才能更优秀，更守纪律。

这是我军旅生涯中一段小小的插曲，从中我学到了很重要的一点：当你思考解决问题的办法时，一定要充分考虑到接下来的影响；除此之外，你一定要问问自己这个解决方案是否切实可行，如果这只是一厢情愿，那只怕会引发更多的问题。

其实，这一道理适用于各种各样或大或小的问题。装了啤酒售卖机，还要抱怨啤酒品牌不好，这种得寸进尺的事情其实非常普遍，有些时候会带来极其严重的后果。且不说多年前军营里该不该装啤酒贩卖机，看看我们2003年攻打伊拉克的时候出现的问题就明白其中的道理了。

2003年，我们进军巴格达，几天之内，城市攻陷，萨达姆·侯赛因政权随之垮台。我军取得节节胜利，我们自以为获得了巨大的成功，以为一切问题已经迎刃而解，但我们丝毫没有考虑过取得全面胜利之后该做些什么。

打开国门迎接自由真的能给一个饱受摧残的国家带来和平稳定吗？很多美国领导人持乐观态度。

但遗憾的是，当时没有一位睿智的美国领导人能冷静地意识到接下来面临的问题，我们没有意识到我们的闯入会给伊拉克的人民和社会结构带去怎样的影响。最后还使伊拉克派系林立的宗教势力更加混乱。伊拉克这些不同宗教派系之间的纷争持续了几个世纪，新的自由不仅没有消除他们之间的恩怨，反而激起了更多的争议和冲突；我们带去了自由，也带去了可怕而持久的危机。后来我们花了几年的时间才使得伊拉克基本稳定下来，让我们的军队不再疲于奔忙，应对战乱。这些年在伊拉克问题上的教训表明，自以为是的战略决策只能带来失败。事到如今，伊拉克各教派之间的争议和冲突仍毫无改善，未来几年也看不到改善的希望。

从军营里该不该装啤酒售卖机的小插曲中我还学到了一点：智者无惑，多和智者相处，多与那些经验老到、见解深刻的人共事，我们会受益匪浅。

在攻打伊拉克之前，政府应该更多听取熟知伊拉克局势的人的意见，而不应该只是听命于华盛顿那些个盲目自大、自以为是的家伙。

6. 30天后，你来担纲

以前还没实行电脑化操作、采用集中管理系统的时候，管理一个步枪连是件非常有趣的事情。全连的所有财产都要登记在一个财产簿上，那是一个普通的分类账本，账目都用钢笔记录。新连长在上任之前，会和即将离任的老连长各自拟订一份所有财产的详细目录，把每一支步枪、每一个床位、每一把椅子、每一张桌子、每一面床单等等全都开列出来。如果不见了什么东西，即将离任的老连长必须去找回来，找不到就必须赔偿，也可以通过一种叫作"调查报告"的程序进行补救。新连长上任后，有30天的时间来检查是否还缺了什么东西或是出了什么差错。如果30天内他又发现丢失了什么东西，新连长就要采取措施，让前任连长来解决问题或是让自己免于追究责任。

这就是我们常说的："30天后，你来担纲。"在第31天，如果出现了任何差错或问题，那就是你的责任了。我喜欢这种一目了然的责任追究制度。没有人发牢骚，没有人有怨言，也不会有人推卸责任。最重要的是，不必浪费时间试图避重就轻，也不要责备不相关的人。如果你已经过了自己的免责期，那一切都已经迟了，你就该承担责任。

如果是接管一支连级以上的部队，那解决这些交接问题的方法就显得复杂一些，通常采取的办法是所谓的"三个信封攻略"法。即将离任的指挥官会给新指挥官三个信封，分别标明"信封一""信封二"和"信封三"，并且告诉新指挥官，如果遇到问题，一定要按照顺序依次打开。

新指挥官光荣上任了。可是，过了大概一个月，问题来了，他打开第一个信封，只见里面写着："都怪我。"借着这封信他可以免于承担责任，甚至可以抱怨自己接到的是个烂摊子。虽然后来问题解决了，但没过几个月，麻烦又来了。他只得打开第二个信封，只见里面写着"整顿"二字。于是，他马上开始着手制定整顿方案，努力改变部队的局面。最后，部队大变动，人员和岗位都来了个大调整，整个部队似乎面貌一新。但新面貌只是外表光鲜，内部的问题并没有解决，每个人都不知所措、茫然困惑。

事到如今，指挥官再也不能算新来乍到，无处可以推卸责任，他已陷入绝境，忧心忡忡。绝望之下，他打开了最后一个信封，只见里面写着："准备好三个信封吧。"收拾不了这个烂摊子，负不起这个责，那就只能让贤走人了。

可惜，新当选的政客们从不信奉"三个信封攻略"。他们只会竭力把责任推到前任身上。如果出了什么问题，就跟他们什么关系都没有；但要是一切进展顺利，就归功于他们自己的不懈努力，好像唯有他们才可以力挽狂澜。即使他们和前任是同一个政党，他们也会对前任嘀嘀咕咕、指指点点。

如果你的前任做得不怎么好，你也不用说什么。朝前看，既然现在你是负责人，那就负起责任来。永远记住："现在是你在担纲。"

7. 卓有成效的"后查机制"

我很擅长分析自己，但我只会在私下里说自己的缺点。我从来不在人前说这些，在朋友和家人面前做自我批评，我会感到很难堪。但是我的家人和朋友还是常常善意地帮我指出我零零碎碎的一些小不足。

所以退休之后，有一件事让我很开心，那就是我再也不用接受评估了，而且我退休之后360度全方位评估体系才开始实施。要知道，在全面评估的过程中，一个人的自尊心会受到打击，会变得迟疑不决，各种缺点、问题会暴露无遗，最后整个人很容易失去棱角。当然，全方位评估对于个人自我改善、与身边的人和谐相处、直面心中的邪恶，以及继续提高大有帮助。这就像照镜子，仔细照照，认真审视自己的表征能看出自己身体的问题，有利于健康状况的改善。

如果说对个人而言要客观评价自己很困难，那对于一个单位中的一个群体来说就更不容易，在有着复杂上下级关系的情况下，要做到批评与自我批评实在是件困难的事情。在单位里，一个人如果刚正不阿，会很容易陷入困境。也许你只不过是心直口快，说出了单位里存在的问题，但别人会认为你缺乏对单位的热爱，认为应该把你清除出去。但一个单位如果失去了批评和自我批评的氛围，自身就难以得到发展。一个单位必须能面对这样的挑战，必须超越小我，超越自我，要听得进逆耳忠言，要能坦然面对错误，能勇于改正错误并勇敢前行。这是对一个单位领导的能力和自信的真正检验，是对这个单位凝聚力的真正考验。

要做到诚实、彻底自省极其困难，但是在情况变得一团糟、事情被搞砸或者行动失利之后，自我反省就显得尤为重要。越南战争之后，美国陆军就面临着这样的危机。当时全国取消了以往战后的胜利大游行，取消了征兵制，开始推行还没有彻底贯彻、尚未成熟的志愿兵制。整个国家还陷入了一场反传统文化的运动中，宗教、毒品问题严重，总统和副总统相继耻辱性地辞职，政治局势动荡不定。我们不得不对一个具有深厚文化底蕴和自豪历史的体制进行改革，因为这个体制刚刚失去了它存在的根基，它已无法保障我们取得战斗的胜利。我们开始着手重新制定我们的规章制度，重新组建我们的战斗序列，重新训练全体志愿新兵，他们中有很多人都没有接受过教育，甚至有过前科。但对于我来说，这是我职业生涯中最重要、最刺激也是获得最多回报的时期。我们重新组建了一支世界一流的军队，一支比以往任何时候都好的军队。

当时我们能取得这样的成功，最有效的手段之一就是采用了一套"行动后检查"机制，简称"后查机制"。"后查机制"在当时新成立的位于加州厄温堡的国家训练中心（简称国训中心）通过测试和验证。虽饱受争议，"后查机制"却成了有史以来最具建设性的检测机制。如今，国训中心得到了扩建，"后查机制"也有了更深入的发展。

国训中心拥有一片面积达60万英亩的绵延起伏的沙漠，是适合机械化战争演练和全真场景射击训练的理想场所。所有来国训中心训练的部队都要与一支名为"反对势力（反方）"的部队模拟作战，这支部队训练有素，常驻厄温堡。无论正方还是反方，每个人的身上都有遥控设备，所有人的行动都能被中央控制中心的电脑跟踪。

与假想敌之间展开对抗不是什么新鲜的训练手段，部队很长时间以来一直在尝试让训练接近实战状况，国训中心的独特之处是在每场战斗演练结束后都要进行综合性的"后查"。在"后查"过程中，上级首长、观察员以及评估人员都坐在控制中心，看着演练过程像电子游戏一样播放一遍。他们看得清进入战场的每一部车辆，看得清部队和车辆的每一个动作；演练过程中双方部队的每一次行动和枪炮的每一次射击都会被摄录下来，并可以用多种方式反复展示。实际的演练过程可能会与指挥官的作战计划大相径庭，"后查"可以帮助指挥官将实战与设想进行比对分析。我曾见过许多要成为第二个巴顿将军的雄心勃勃的指挥官把自己最初的作战计划挂在大屏幕上，演练开始后却只能眼睁睁看着手下的坦克和装甲车驶向错误的方向，朝着自己人攻击，被从侧翼包围上来的"反方"部队一举"歼灭"。此刻年轻的"巴顿将军"就此领悟了两条军事格言：一经交火，计划要跟上变化；战场谋略的好坏通常取决于对手的表现。

· 对演练过程中的一切都要给出仔细的分析。事无巨细，不能隐瞒，不得忽略。在整个评估的过程中，首长、观察员以及评估人员会聚在一起，各抒己见，各自陈述战斗该如何展开、何时该做出怎样的决定以及采取怎样的行动等意见。

这种评估的目的在于深入剖析演练过程，而不是评分或者选出未来的"巴顿将军"。当然，这样做也不是要指认谁会跟南北战争中的名将卡斯特①一样，最终因为轻敌而命丧印第安人之手。"后查"唯一的目的

① 卡斯特：即乔治·阿姆斯特朗·卡斯特（1839—1876），美国陆军西点军校毕业，美国历史上最有名的第7骑兵团就出自其手。其作战勇猛，能置个人生死于不顾，在美国南北战争中曾战功赫赫，但为人冲动、骄傲。在1876年6月25日的"大小河战役"中，印第安联盟酋长"坐牛"成功地把卡斯特引进了圈套，并集结了3000印第安人，用长矛全歼了拥有枪弹的第7骑兵团700名骑兵并击毙了卡斯特，历时仅半小时。这是整个印第安战争中印第安人取得的最大胜利。卡斯特曾经吹牛说全美国的印第安人加在一起也不够对付他领导的第7骑兵团。

是学习和进步，而不是集中探讨部队在演练中的成败。这不是什么"找茬儿游戏"。

评估之后，基层指挥官回到各自的部队下发"后查"结果，要让每一名战士都知道结果。同时，每一支基层部队也要对自己在演练过程中的表现开展"后查"。

"后查机制"发挥了积极的作用，因为它不仅是一个评估过程，也是一个自我反省和提高的训练过程。完成部队备战的使命是"后查机制"的第一任务，尽管整个过程中也难免会出现伤感情的言语或者表现差的会受到注意，但"后查"的目的不是要指责什么人。不过随着时间的推移，人们自然也会留意到谁表现得好，谁表现得差，谁适不适合得到提拔，胜任更高级别的职位。表现好的总是备受关注。

由于"后查机制"卓有成效，它被陆续运用到军队各方面的训练和演习中。随着"后查机制"的推广，我们见证了一支新兴军队的诞生，这是一支注重高效率训练战士而不是靠打分来评价个人价值的军队。我刚刚入伍的时候，部队的评估基本上是一种程式化的操作，是根据从训练到测试的一览表进行的机械评估。如今，依照"后查机制"，指战员会问："我们需要在哪方面进行更多的训练？怎样才能使我们的士兵军事技能更熟练、更出众？"

在1991年的"沙漠风暴行动"和随后的战役中，这一新的训练评估机制显示出了成效。战斗一打响，指战员纷纷反映国训中心的训练和评估真实准确地体现了实战的需要。面对伊拉克军队，国训中心的训练一上来就让我军获得了决定性的优势。

国训中心的训练指导小组在每星期训练之后采用了同样的评估机制。他们分析自己部队的战场表现录像，分析下一个对手的战场表现录像，然后不断地问自己："我们要如何做才能修正自己的错误，进一步提升自身的战斗力？"

对任何真正想要了解自身表现、想要查找问题和了解可改善之处、想要深入分析问题或分歧的单位，"后查机制"都适用。我们做对了什么？我们做错了什么？"后查"唯一的目标就是自我改善和提高，这无关你我的自尊。如果我们属于一个团队，我们会本着"该如何做得更好"的精神使每个人都得到提升。我们不会掩盖错误，只会针对这些错误进行整顿，或者凝神思考，找出解决问题的办法。这需要每个人坦然面对现实，认真学习，且必须承诺不会用"后查"的结果将成员划分为三六九等。运作良好的单位自然知道这种评估的好处，但我也见过一些缺乏勇气照镜子、不敢认真反省的领导和单位。近些年来，这样的例子我们见多了，实在是让人唏嘘，有些公司和单位暂时性地取得了成功，求得了生存，就拒绝面对总保险丝已经被烧坏、总体上出了大问题的事实。做领导的绝对不能掩盖问题，要知道藏是藏不住的，最终问题终将浮出水面，导致失败。

我尝试把"后查"哲学运用到我退役后所有的任职中。我在担任国务卿期间，曾负责向国会提交有关恐怖袭击形势的年度报告。该报告由中央情报局起草，由我的部属审核，然后以我的名义递交到国会。

有一次，加州参议员亨利·韦克斯曼抨击了我的年度报告，指责我对恐怖主义行为的理解有问题，并且报告中的恐怖事件在他看来少于实际数据，有胡编乱造之嫌。一开始，我们做报告的一方都努力互相维护，为自己声辩，这在官场上是老一套了，是自然的反应。但是，我想知道究竟谁对谁错。如果韦克斯曼议员是对的，那我们就得做出改变，而且应该在议会相关委员会的公开发布会上发表声明承认错误，并立刻加以更正。假如我们是对的，我就准备与亨利这个老朋友一较高下，当然我们在电视听证会上绝不会进行人身攻击。

第二天，我召开了相关人员会议，开展了"后查"行动。我对自己听到的解释并不太满意。办事人员并没有从一开始就确切地分析原始报告是如何产生的，而只是反复对我们打印和分发的报告进行自我辩护。

我让他们像对待国训中心的"反方"一样对待韦克斯曼议员，将他对我们报告的批评看作战斗初期"反方"取得的胜利。我认为我们应该听听他的批评，承认他是对的，并修正他指出的问题，这样才能让他不致于在议会委员会上危言耸听，免得我们在最后的决战中败下阵来。

第二天早上，我们召开了另一个"后查"会议。我们将所有参与准备该报告的人员请来，继续逐层分析问题。我们也将我的所有工作人员集中起来，让每个人都去了解"后查机制"，学会处理各种各样的问题。

随着问题越挖越深，我们发现中情局对于恐怖事件的分类和统计存在严重的失误，但也就是失误而已，也没有到更严重的程度，谈不上到了犯罪、腐败或者其他类似的严重程度。除了中情局方面的失误，国务院的工作人员也有问题，他们得承认自己没有认真完成对报告草稿的分析工作。整个讨论过程进行得温和而细致，并没有任何人因此受到惩罚。

在第三天上午的"后查"过程中，每一个卷入此事的人都要求确切地了解在哪些环节出了哪些差错。"后查机制"真可谓快刀斩乱麻，我们在很短的时间内就找到了问题的症结所在。我手下的工作人员和中情局方面协同一致，很快就重新拟定了分析报告。

我打电话给韦克斯曼，告诉他我们的确出了问题，他是对的，我向他保证，我的工作人员将努力纠正错误、更正报告。感谢他的信任，我们获得了纠正错误所需的时间。几个星期之后，我们提交了经过修改、准确反映事实状况的报告。韦克斯曼议员公开向我们表示祝贺，议会也没有再进一步对我们的工作加以干预。更重要的是，我们对制订相关报告的程序进行了修改，有效避免了以后再出现类似的问题。

我发现这些问题都是组织程序上的问题，是需要修正的问题，因此在"后查"之后就不动声色地及时得到解决了。"后查"的目的是让所有人都坐到一起，仔细分析战斗的全过程，了解行动过程中的所有失误和成

功，制订迈向更大成功的训练计划。通过"后查"发现的指挥上的问题和
个人失误一般都会悄悄地得到解决。

每个单位都应该时时反省，不隐瞒问题，坦诚面对失误，要做到这一
点，所有的人必须在单位共同的目标和追求下团结一致，互相信任。任何
表现出色、不断取得成功的单位都需要形成敢于反省、相互信任的文化氛
围，这样的单位永远都不会迷失前进的方向。

8. 松鼠逸闻——与里根总统共事学到的

1988年，我成为里根总统的国家安全顾问。一天上午，因为要讨论一
些问题，我来到里根总统的办公室。办公室里只有我们两个人，他像往常
一样坐在壁炉前面的椅子上——坐在那儿能看到玫瑰花园那扇美丽的
法式玻璃镶边儿大门。我当时就坐在他左边的沙发上。

现在我已经不记得那天具体讨论的是什么问题了，但肯定跟政府与军
队部门之间的一般性冲突有关，这些事情再加上金融、贸易部门和国会的
参与，情况就显得十分复杂。我向总统详细讲解了这个问题和其中的复杂
性，并对他强调说必须在当天解决。

但里根总统的目光绕过我，看着那扇法式大门，似乎并没有很在意眼
前这个让我一筹莫展的问题，这让我有点儿不快。于是，我提高音量，又
更详细地把问题说了一遍。当我正努力说明问题所在的时候，总统站起身
来打断我说："科林，我说科林，你看到了吗？有只松鼠刚刚来过，把我
早上放在窗台上的坚果拿走了。"说完，他就坐回到椅子上，还背转了过
去。我明白会谈该结束了，于是我向总统告辞，离开他的办公室，回到了
白宫西翼大楼我自己的办公室里。

我觉得刚刚发生的这件事一定有特别的意义在其中。我坐下来，目光

越过北边窗外的草坪，越过宾夕法尼亚大街，凝望着大街那边的拉斐特公园。渐渐地，我明白了其中的意思。

总统其实是在告诉我："科林，我信任你，只要你需要，我就会坐在这里，听你讲你的那些问题——如果有需要我亲自解决的问题，你只管说出来。"我看着眼前的风景，笑了。在随后与里根总统共事的几个月里，我向他报告了我们需要他拿主意的所有问题，不过我再也没有提过应该是我和我的政府工作班子去解决的问题。总统表现出了他对手下工作人员能力的绝对自信。在里根总统的任期内，他对手下的这种信任大都获得了回报，但有的也让他陷入了麻烦，就像"伊朗门"事件所反映的那样。

1988年，又是一个上午，我去总统办公室和他讨论另外一个问题。当时，有一艘美国海军派往波斯湾的舰艇追赶对其形成威胁的一艘伊朗炮舰，一直追赶到伊朗的12海里领海边界处。国防部长弗兰克·卡卢奇要求总统授权海军进入伊朗领海，全力追击这艘伊朗炮舰。

里根总统坐在椅子上，正在平静地给一张照片签名，当时他知道所发生的一切。他相信我们有能力处理好当前的问题，并会及时向他汇报情况。我走近他的时候，他抬起头来，直视着我。他清楚他现在只是需要任命一名指挥官全权负责解决眼前的问题。我讲明了海军的要求，陈述了事情的利弊、可能出现的后果、引发的社会舆论以及应对国会的策略。他听完了，只说了一句："同意，去干吧！"我把总统的答复转告给弗兰克，于是海军一直把伊朗炮舰赶进了他们的港口，行动才宣告结束。

在和里根总统共事的过程中，我多次向他提供过决策参考意见，他在经过认真思考、反复推敲和仔细分析之后多数都会加以采纳。如有必要，里根总统会出席在白宫总统办公室召开的所有总统办公会议；当然，如果问题能在下面就得到解决，他会更开心。

在我最珍贵的纪念品中有里根总统给我的签名照。照片中，我们俩肩并肩坐在总统办公室的壁炉前面，头凑在一起，在研究一张表格，上面开列的是我要向他汇报的一些问题。后来，他在照片的背面写下了这样一句话："亲爱的科林，只要是你的看法，我会认为就是对的。"受宠若惊。

我总是喜欢看到一切井然有序，正常运转。无论是修理破旧的沃尔沃汽车还是重组高级行政班子，我都会投入极大的热情，让紊乱归于正常，让每个人都发挥出最佳水平。里根总统教会了我怎样更好地做到这一点，那就是要与手下的高级行政管理人员建立和保持良好的互信关系。你的机构要想高效率运转，就不能缺少这些高级行政管理人员，这就好比是要让沃尔沃跑起来，一定不能少了供电系统和驱动杆一样。

在里根总统手下干完之后，我又做过一些高级行政职务，每次我都努力跟手下的高级行政管理人员建立一种"里根式"的互信和依赖关系。我相信我的这些属下会精心准备，努力完成任务；他们了解我对他们的期待，准备好了用行动回报我对他们的信任。

上司与下属形成相互信任、相互依赖的关系，整个部门就会紧密团结在一起，上下一心，保持沟通使政令流畅，并最大程度地减少繁文缛节和官僚作风。

我经过训练形成的军事素养依托的是这样的理念：在发号施令的问题上，每个人都得知道只有谁才有权发布指令；在具体问题上，也只有一个人有权发布指令。这样的理念使我相信，下级如果能够直接向上级汇报情况而不会遭到上级的助理或其他人的干预，将有助于我管理好我的团队。

从部队转到地方后，我发现政府部门里工作人员数量众多，各种各样奇怪的官职名目繁多，上下级关系复杂，单位内人事盘根错节，除非部门领导不时地加以整顿和清理。

1986年底，弗兰克·卡卢奇被任命为国家安全顾问，他邀请我做他的助手。我当时只提了一个条件，那就是我要成为他唯一的助手，而先前国家安全顾问有3个助手。弗兰克很爽快地就答应了，他给另外两个人分配了其他的任务。

当我接替弗兰克成为国家安全顾问的时候，我也继续奉行着这种模式。1989年10月，我当选为参谋长联席会议主席，上任后我也同样延续着这种做法。我的直接下属都是陆军和海军中的中将和三星上将，他们每个人都是各自军种中经验丰富的最高级别官员，平均都有20年以上的部队经历。

当时，参谋长联席会议主席下面设有一个专门工作组，由4位很优秀的陆军上校和海军舰长组成，他们主要负责查阅、修改将军们递上来的报告，我上任后裁掉了这个工作组。因为如果连三星上将都不能独立负责他们自己的职务，那设置这一套官僚程序不过是在掩盖他们的无能罢了。裁掉工作组之后，就变成将军们直接对我负责了。他们很快就意识到，如果他们签署了一份文件，接下来这份文件就会递到我的手里。我希望他们能做出正确英明的决定，他们也知道最好做出这样的决定；信任、责任和工作成效相辅相成，互为因果。

我成为国务卿以后，精简了一大批行政人员。我没有想过要设特别行政助理这样一个岗位，我不想还要一堆人另开一个办公室整天忙着处理一大堆事务，那应该是我的直接下属助理国务卿们应该做的事。他们手下都有一大批工作人员，负责世界不同地区的事务和相关外事活动。

以前，国务卿下面只设一名副国务卿，他的主要职责是代替国务卿负责国务院的管理工作。国会认为国务院管理得不够好，所以他们要求再任命一名副国务卿来专门负责管理国务院。我认真照要求做了，递交了这一法定职位的候选人名单，但我会确保提名人选不会真正得到任命。我只需要一个副国务卿，那就是里奇·阿米蒂奇；我们两个人都认为国务院的管理工作和外事管理工作密不可分。里奇才华出众，要胜任这两项工作绰绰有余。我们也都很庆幸手底下有一帮出色的下属，他们熟知我们的工作方式和管理理念。

另一个我没有给予任命的职务是"国务顾问"，他的工作就是听命于国务卿。我根本不需要这样一个人，因为这样的工作我可以找我手下的部门负责人去做，而不需要额外雇人。

有人会说我所提倡的这种简单、直接的上下沟通方法有些目光短浅，国务卿就应该招募一批出色的助理，专门设一间办公室代他处理各种事务。我后来的国务卿们就认为应该任命两名副国务卿，他们有时还会任命"国务顾问"，有时甚至会指派一批所谓的特命大使去处理某些敏感问题。某些特殊的使命的确可以交给某位特命大使去完成，但有时间和范围的限制。一味地派出特命大使会让外国领导人感到困惑，不知道真正的负责人究竟是谁，要知道，特命大使终究不能代替常驻国外的外事工作人员。

我要说明的是，我的上述做法及其原因，并不是要说我的前任或者后任的做法怎么样，只是说我们偏好各有不同。每一位高级行政管理人员，包括总统，都必须按照其需要、经验、个性和风格来组建自己的队伍。对于"怎样才能管好我的队伍"这样的问题，谁也无法给出固定的答案。

我希望我手下的高级职员处事尽量低调，希望他们能直接与我的高级助理们沟通，因为我已经授权他们处理相关事宜。那些高级助理执行着我的意思，他们必须与我一条心，他们心里一定要清楚，他们一旦做了决定，那我就会认可。

除了相互信任和依赖，里根总统还教会了我其他一些领导艺术。他率先垂范，教会了我站在金字塔塔尖的领导人也必须走出金字塔，拓展视野，站在高高的峰顶去俯瞰熠熠生辉的都市风景。他也善于兼收并蓄，学识才干远远超过我们这些在他手下工作的人。

一天上午，里根总统经济智囊团的全体成员聚集在白宫总统办公室里讨论问题。他们说，经济上迅速崛起的日本人购买了美国的许多资产，甚至买下了作为美国房地产象征的洛克菲勒中心和圆石滩海滨。这些消息在国会中引起了不小的骚动，公众也议论纷纷。日本人的购买行为引起了人们在经济和防务安全上的恐慌。智囊团的人说："对此一定要有所行动了，现在就要有所行动。"他们静静地等待着里根总统给出答复。他的确做出了回答。

他说："他们向美国投资，好啊。他们认为是好的投资项目，就可以投资。我很欢迎。"会议就这样结束了。里根总统再次展示了他对美国的信心，他远比我们这些凡夫俗子有眼光，实属高瞻远瞩。

附记：日本人为他们的投资付出了昂贵的代价。不久，他们不得不把洛克菲勒中心和圆石滩海滨转售回给美国人，日本人为此损失了不少钱。①

如果里根总统今天仍在白宫总统办公室，他会对中国目前在美国的投资说同样的话，然后走出去，撒把坚果喂给松鼠。

---

① 洛克菲勒中心：该中心建于20世纪30年代，位于美国纽约市第五大道，是由19栋摩天大楼组成的城中城，是纽约和美国的象征。1989年，日本三菱土地公司花13.73亿美元的高价收购了洛克菲勒中心的14栋办公大楼，按当时1美元兑160日元的汇率计算，三菱土地公司的投资额为2188亿日元，成为拥有洛克菲勒中心80%股权的控股股东。收购完成后，由于曼哈顿地产不景气，三菱土地公司一直没有利润，后来再加上日本泡沫经济破裂，美国人趁机把洛克菲勒中心买了回来；圆石滩海滨则位于加州最漂亮的海岸风景线"十七英里公路"的南端，也译为"鹅卵石海滨"。其景色美得令人窒息，路两旁一边是悬崖峭壁和峭壁下海浪汹涌的太平洋，另一边是掩映在古树参天的红杉林中亿万富翁和明星们的豪宅。1990年9月，被日本取缔役社长熊取谷稔以8.4亿美元买下。这给美国人心理上的打击不亚于日本轰炸珍珠港。但当时日币升值，日本经济出现"泡沫"，日本公司缺乏海外经验，不懂美国国情，后来没过多久，泡沫破裂，"奥林匹克商业之父"、当时从事私募的尤伯罗斯以8.2亿美元将之买了回来，他本人也又一次成了美国英雄。

9. 如何召开各种会议

我在担任国防部长卡斯帕·温伯格的助理时，有一项工作就是帮接待员从外面搬一打椅子到部长办公室去，召开早间的例会。会议结束后，再把椅子搬回去。

这个会议被称作"法务/公务"会议。温伯格先生习惯在听取立法事务部长助理和公共事务部长助理对新闻热点和国会大厦最新消息的汇报之后，再开始一天的工作。其他部长助理也要出席例会，以了解形势并提出其他急需解决的问题。这个会议会持续30分钟左右，对于一天的工作来说，是个不错的开始。

每个月温伯格先生都要在他的会议室召集武装部队政策委员会开一两次会议。这是一个较为正式的会议。部长、部长助理、高级军官和部长的所有高级幕僚都必须出席。该会议不讨论任何实质性的问题，可以说完全没有实际作用。当然也不能这么说，至少与会者可以对他们的下属和家人吹嘘，这个月他们见到了国防部长。由于会议较为正式，又不常开，且没有实质性的内容，所以每次在开会的前一天，我们都要绞尽脑汁为温伯格先生准备第二天的讲话。开会之前，温伯格先生很少会看我们准备的讲稿。到开会时，他总是就我们给他提供的话题侃侃而谈，而其他人则奋笔疾书，拼命做笔记。

总统各内阁的会议也都这样。我参加过4个部门的内阁会议，他们千篇一律，全都这样。要是他们哪天有了改变，我一定会拍案称奇。

显然，会议的召开没有严格的时间安排。内阁成员聚集在内阁会议室里，媒体涌进来，听总统就他们感兴趣的话题发表看法，然后记者们就会离开。这时总统会对内阁成员讲一番鼓舞士气的话，再由某位指定的内阁成员做一个本部门的展示和报告，或者讨论一个时下热门的话题。大家相互交谈一会儿，大约1小时后，就都离开会议室了。在美国，我们并没有真正实行内阁制。

在我担任国家安全事务顾问、参谋长联席会议主席和国务卿期间，我采用了温伯格先生的例会制度，但做出了改变。每天早上，我都召集直属部门负责人和主要助手开会，我称之为"晨祷"，大家一起开始一天的工作。这是一个很大的会议，至少有40人参加。我对此有非常严格的规定：

"我的晨会不会超过30分钟，通常短于30分钟，以免妨碍当天的工作。

"我们以一个团队的方式开始一天的工作，我希望你们全部仔细监督我，看我是否充满斗志。我也会观察你们每一个人，努力发觉所有需要改正的小细节。

"这不是一个例行的报告会，有事说事，没事免开尊口。

"会上不会有人受到排挤。大家共同商讨，看看当天的需要以及必须完成的工作，讨论怎样解决问题。即便真的有人有了问题需要咨询，我们也会过后再谈，到我的办公室单独解决。

"会议结束后，你就会了解我的想法和意图，之后你最好把它变成你的想法和意图。我还希望你们每个人将会议上讨论的内容传达给你们手下的职员。我们需要自上而下的沟通。"

"噢，顺便说一句，你还可以和你的家属或亲戚说，你每天都能见到国务卿。"

我还告诉他们，我会偶尔开开玩笑，有时可能显得有点儿笨，所以不要惊奇。

某个星期二的早晨，我走进会议室，问有没有人看星期一晚上胡克·霍根和"送葬者"的摔跤比赛。与会的各位大使、高级外交官和一众高层人士对我茫然而视，感觉莫名其妙。我给他们描述了那场比赛，要我说那简直就是一场精心编排的芭蕾舞，但必须承认，摔跤手们在抱摔对手的过程中展现了他们精湛的技艺与扎实的训练成果。

参加会议的人还是没有明白这样一场比赛为什么会如此吸引我，直到我告诉他们，在中西部的中等城市都会有3万人在星期一晚上看这样的比赛，这就是美国人，他们还喜欢看全国汽车大赛，还有逛沃尔玛超市。我告诉他们，这些人就是我们真正的服务对象，我们绝不能忘记这一点。直到这时，他们才明白我的用意。

弗兰克·卡卢奇担任国家安全事务顾问时，我在他的手下做副手。我有一项工作就是召集议会各机构委员会开会，帮助内阁和总统解决问题。这些会议远比"法务/公务"型的晨会正式和严肃，与会者级别也更高，其中一些人会向总统提供决策性意见。这个会议也被称为"决策会议"，因为会议必须给出建议，然后提交总统做出决定。与会者都是来自国务院、国防部、财政部和商业部的副部长级人员，中央情报局、司法部、国家安全委员会和白宫的专家也会出席。会议由我主持。

那段时间我们有很多工作要做，因此召开了很多次会议。就像火车必须准点运行，会议也必须有严密的组织安排。每次会议我们都会有一份日程表和简要的发言材料，在会议召开之前提供给每位与会人员。如果有人没时间阅读这些材料，那么就请把它给有时间阅读的人。请不要浪费我们的时间。

会议开始后，我会用5分钟时间讲述会议的议题与目前的形势。接下来的25分钟由每一个与议题相关的部门做陈述，其他人不得打断。然后，我们有20分钟的讨论时间。每个人都可以站出来发表自己的意见，用强硬的言语、激烈的观点来捍卫自己的立场。"无关个人，伙计，就事论事而已。"

到了第55分钟时，大家停止发言，我会用5分钟对会议做出总结，指出各人观点的意义和问题，得出一个可提供给总统的暂时性的最终裁决建议。然后，与会者有5分钟的时间提意见。如果我的建议在大家看来是正确的，那么我就会把它确定下来。会议结束后，与会者回到各自的部门，将有关结论传达给部长。如果有部长强烈反对已制订的建议，那他可以在当晚给我打电话。第二天，一份建议材料（不管大家意见一致或不一致或提供了不同的方案）都会送去给总统定夺。

这份材料包含了我们讨论的所有细节。每个人的意见都会被保留。我们不想把讨论意见变得八面玲珑、四处讨好。任何强烈反对有关建议的内阁部长都可以向总统反映。

在我的印象中，还没有哪位部长向总统反映过意见，因为我们确实考虑了每个人的意见，并都如实反映在了材料里。

对许多议题进行讨论之后，我们会得出两个解决问题的方案，如果每一个似乎都能起作用，那我们就得设法选出最好的一个。

国家安全委员会的会议也是如此。会上总统出任主席，内阁官员们各抒己见，弗兰克或者我充当主持人，安排议题并引导大家展开讨论。总统通常会提问题，但很少在会议上做出决定。会议结束后，我们向他提交一份建议书。他在做出决定之后，会以书面形式公开发布决定。

"伊朗门"事件期间，国家安全委员会部分成员变得非常躁动，但我们确保了会议全过程的正式和严肃性，并且做好了会议记录，就此成功地恢复了国家安全委员会的公信力。

我曾经主持过很多其他类型的会议。

发布信息的会议只是向与会者提供话题。我会控制会议的时间，以免与会人员跑题或者会议因为闲谈而变得拖拖拉拉。

参谋长联席会议的主要官方会议被称为"槽罐会议"，因为二战期间参谋长联席会议的会议室在商业部的地下室，并且有一个隧道一样的入口。后来，会议通常在五角大楼国家军事指挥中心的一间特别会议室召开，联席会议主席、各部门负责人、列席会议的其他人员和书记员都需要出席会议。会议有正式的议事日程。

　　我发现把参谋长们召集在我的办公室里开会效果更好。没有随行人员，也没有议事日程，脱离了繁文缛节的束缚，我们可以开诚布公地畅所欲言。这些人都是从部队上来的最资深、最有经验的军人，跟大企业的老板不同，他们往往非常反感那些老板追求商业利益。这些会议充分发挥了他们的作用，我们讨论的都是关乎战争与和平的最基本的问题。

　　我召开的会议也不全都是事先安排好的。比方说，在一天的工作结束后，我喜欢召集三四个最亲密的同事到我的办公室，围坐一圈，跷起双腿，聊一聊当天过得怎么样。大家此刻可以完全放松，做好准备，迎接第二天的挑战与机遇。

　　人类生性并不喜欢离群索居。他们需要与同类分享梦想与恐惧，互相依靠，互相支持。

　　两个人聚到一起就可以召开一个碰头会。机构变大之后，机构里的成员更需要在正式或非正式的场合聚会。我一直热衷于召开会议，哪怕再大的会议，与会者都可以像多年的老朋友一样聚在一起，态度亲密，相互尊重，共同缅怀曾经的美好时光。

10. 必须有可以替代的人

　　在美国南北战争最艰苦的时期，林肯总统时常会骑马离开华盛顿市区，前往市北郊一个凉爽的山岗上的一个电报局，躲避炎炎夏日。时光荏苒，电报作为电信业一项最早、最伟大的革命性发明，如今也已经被卫星通信和互联网技术所替代。当年，林肯总统就是坐在电报局里接收来自前线的最新消息的。

　　一天晚上，电报局收到一份电报，详细报告了北方军在战场上的又一次失利消息：在弗吉尼亚的马纳萨斯附近，北方军遭到南方军骑兵的突袭，1名准将和100匹马被南方军俘获。报务员注视着林肯，只见他跌坐在椅子里，读完了这条最新战报后，轻轻地叹了一口气，说：“损失了100匹战马，实在是太可惜了。”

报务员忍不住问他：“总统先生，损失了1名准将难道不可惜吗？”

林肯回答说：“只需5分钟，我就能重新任命1名准将，但要想再找来100匹战马，谈何容易！”

我升为准将的那天，一个朋友把这句话夹在相框中送给了我。之后无论做什么工作，我都会把相框挂在我书桌的正上方。作为领导，我的职责就是管理好我的人马，挖掘他们的潜能，确保他们按照我指定的方向奔跑。我顺便也要培养接班人，在我离开之后要有人能胜任准将之职。

总参谋长伯尼·罗杰斯将军在欢迎我们班59名新擢升的准将时，对我们致辞说：“如果我把你们都放到一架飞机上，假若飞机失事，你们全体遇难，这个班的花名册上还是会出现59个人的名字，他们还是会和你们一样出色。这是不成问题的！”

在即将展开“沙漠风暴行动”的时候，诺曼·施瓦茨科普夫将军病倒了。诺曼是可以成功实施我方计划的首要人选，但我不能把计划的成败系于一人身上，必须有可以替代的人。为防不时之需，我心里早已备好了一个人选；我的上司，国防部长切尼，也知道我会推荐谁。

马克斯·瑟曼将军于1989—1991年担任南方司令部的指挥官，我们在巴拿马推倒曼纽尔·诺列加的行动就是由他策划、实施和指挥的。马克斯是我心中最了不起的军人之一，也是我最亲密的朋友之一。在对伊拉克的攻势顺利展开后，马克斯被确诊患了癌症。在治疗初期，他依旧肩负着南方司令部的管理职责。又过了几个月，他需要接受治疗的次数明显增多，他的工作严重影响了他的治疗。国防部长切尼和他也是亲密的战友，实在不想撤换他。但最终，我还是说服了切尼，换人势在必行。马克斯本人对此深表理解，有战斗就有人员伤亡，但虽有人员伤亡，战斗还得继续，完成任务以及保护战马永远是第一位的需求。后来，马克斯还是因癌症去世了。

早年在德国的时候，我还是一名年轻的中尉，在比尔·路易塞尔上尉手下做副手，担任步兵连的执行官。我们在户外拉练，开展等级考核，检验我们的战备状态，这是一项要尽力接近实战的演习训练。战斗进行到第二天晚上，我们鏖战正酣的时候，评估员宣布比尔阵亡，让他终止了训练，由我接管对全连的指挥。我们熬过了那个晚上，圆满完成了演习任务。一切得归功于比尔，是他让我不断学习军事知识和技术，坚持对我进行培训，让我深入了解他的战术思想和计划，正因为这样，他不在的时候我才能胜任连队的指挥任务。

在与我打过交道的人中，我见过太多自以为是的家伙，他们觉得自己就是每天早上让太阳升起的力量源泉，没有了他们，世界就会缺少光和热。我也见过太多的人，他们早已不能担当重任，却迟迟不肯交班。我也见过太多的领导，他们从不考虑接班人的问题，不考虑组建领导梯队；太多的领导人缺乏安全感，不愿意面对终有一天自己将被取代的事实。

我还见过太多的领导，明知道所谓的"无可替代之人"实际上阻碍着一个单位的发展，他们也不愿坦然面对。做领导的有责任时常考察自己的团队，裁撤没有作为的成员。优秀的下属很清楚哪些职员表现不佳，他们希望领导能痛下决心，壮士断臂。

如果不进行必要的人员裁撤，再优秀的下属也会随之懈怠。但是如果领导明智，人事安排妥当，消极的情绪就不会再笼罩在团队上空。

即使是由最卓越、最宝贵、最成功的人才组成的团队，有一天也可能会失去竞争力而变得效率低下。对于无能力完成任务的人，做领导的要有把他们撤换下来的准备。不要把一群无能的下属换过来调过去，这种重组没有意义。要不就对他们进一步培训，要不就换一个合适的岗位，要不就干脆解雇他们。从长远来看，你其实是在帮助这些人；就近期而言，这对你的团队大有裨益。

11. 到站了，就下车

我在部队里的一个老伙计，弗兰克·亨利上校，1976年与我同在101空降师任旅长。弗兰克是名优秀的指挥官，自然也是争强好胜的那类人。他甚至不时地顶撞师长，给自己找麻烦。

有一天，我们就各自的职业前景谈开了。"不知道在部队里我是否还能得到晋升，"他对我说，"但我已经很自豪能做到上校，接下来我就等着上面通知我何时该打包走人了。"

有一次，我把这个故事讲给著名主持人拉里·金[①]听，他一直都记在心里。2010年，他长期主持的谈话节目、美国有线电视新闻网的《拉里·金现场》收视率遭遇下滑，信息革命让所有媒体都发生了改变。显然，有线电视新闻台是在有意取消他的这档节目。拉里·金没等电视台开口，就毅然决然地宣布退出，结束了自己25年的电视主持生涯。当他对外宣布他的决定时，他转述了我的老朋友弗兰克·亨利的故事。拉里·金说自己已经拥有了一段非常精彩的职业旅程，但现在他已经到站了，是时候下车了。

我在自己的整个职业生涯中也一直抱着这样的态度：认真工作，让上面来决定我何时该打包走人，这成了我的工作准则。从来没有人向我承诺

[①] 拉里·金：美国著名主持人，有"世界最富盛名的王牌主持人"之称，是第一个在世界范围内享有盛誉的脱口秀节目主持人，他主持的《拉里·金现场》曾是美国有线电视新闻网收视率最高的节目。

过我可以爬到什么样的高位。"做好你的工作，你就会得到升迁。如果你到了站，该下车了，我们会通知你。"我无数次地问我的上级是否下一站就该我下车了。"还没呢。"上面总这么对我说。于是我就一直干了下去。

我的家人对我参军入伍感到非常开心，他们热爱我们的祖国，把当兵看作一项爱国者的义务。但是，等到我在部队里待了很长一段时间还不退役之后，他们开始变得难以理解。我的大姨洛里斯是家里资格最老的女性，在我第二次从越南回来的时候，她受全家族的委托就这个问题对我施加压力。洛里斯很擅长管别人家的闲事，来势汹汹。我向她解释说，如果我在部队努力干下去，就可以升到中校再退休，哪怕41岁就退休，也能享受相当于退休前薪水半额的养老金。对于一个从移民家庭出来的人来说，可以终生享受养老金无异于中了强力球彩票。最后，我的大姨终于偃旗息鼓，家人也再没有提过退伍这件事。

我当上了中校，从那以后我获得的一切都是一个勤勉奔忙的人应该获得的福利与奖赏。

在部队里，一个人如果再也升不上去了，那他就只有退役，只有这样才能保证军官队伍的更新换代和年轻化。1986年，我幸运地晋升为三星中将，被挑选来担任驻德国的美军第5军军长。

那时我多年的导师，陆军总参谋长约翰·维克汉姆将军给我写来一封信，告诉了我这个获得晋升的消息和对我的新任命。在信中，他对我表示了祝贺；在信的结尾，他告诉我我的任期为2年。他还说，2年后的这一天，如果我没有被派去担任另一个由三星将军担任的职务或者不能晋升为四星上将，他希望我能自己递交辞呈。倘若我不交，他就会在我的站头等着我，用老式邮政挂钩一把把我给拉出去。

我做军长的时间不长。6个月后，我被再次召回白宫任职，先是出任国家安全顾问助理，然后就成了国家安全顾问。这些都是责任重大的职位，能被选中，我深感荣幸。不过，我的军旅升迁道路也就这样给打乱了。

"哪里需要我们，我们就应该去哪里，晋升和前程全是狗屁。"维克汉姆将军告诫过我。

里根总统卸任之后，新当选的布什总统在他的政府工作班子中留了几个很高的职位供我选择。我去拜访了新上任的陆军参谋长卡尔·维奥诺将军，想听听他的意见。

"我离开部队有好几年了，干了不少与部队无关的工作，在一些非政府机构里我也能找到工作，"我跟他说，"所以我觉得自己是不是该退役了。不过，部队依然是我的最爱；如果能继续待在部队里，我也会很开心。是去是留，就看您的决定了。"

维奥诺将军笑了，他说："部队希望你能回来。我们为你准备了一个四星头衔。"那是我一生中最快乐的时刻之一。

第二天，我把这个消息告诉了里根总统，他只是问了一句："那你是升职了吗？"

"是的。"我回答说。

"那就好。"他以一贯的简单直接的方式说道。

新当选的布什总统很慷慨，我一度为他提供的职位踟蹰，因为虽说眼下布什总统专列的头等车厢里多出来一个空位，但他可以从无数孜孜以求的人中选择一个来填补这个空缺，此时我终于松了一口气。

多年来，我见惯了那些意识不到自己到站总要下车的人，我也见惯了那些自以为打了一张通票，可以不停坐下去的人。有着35年辉煌军旅生涯的四星上将们居然也跑到我办公室里，吵闹、恳求我，说他们不想下车，那架势好像他们理所当然该一直干下去。

国务院有些人由总统亲自任命，他们在国务院任职多年，工作深得总统赏识。当我告诉他们是时候退休了或者该另谋出路了的时候，他们感到十分错愕。其中有些人更是不断前来找我，竭力说服我、告诫我不能这么做。但我还是做了。他们咬牙切齿和唉声叹气的声音整个国务院都听得到。这些声音直到退休仪式结束后才平息，其他人受到这些事的影响，也会开始重新审视他们的职业前景。

从这个角度来说，国会也许是个最糟糕的单位。我深知在一个位子上干上一二十年自然能带来丰富的经验，但一干就是三十多年呢？那还是算了吧。给你的重孙辈留个机会吧。以你的名字命名的建筑和公路还不够多吗？！

不管你从事的是什么工作，你都是在为人民服务。无论是在政府、军队、工商界或者其他部门工作都一样，都要无私奉献，不能追求一己私利。应该带着愉快的情绪、感恩的心情离开，在别人把你拽下车之前自己下车，踏上一段新的旅程，去赶另一列客车吧。花一点儿时间望着那辆老列车驶远，然后开启下一列客车上的新旅程。

12. 该放手时就放手

到站下车不仅仅涉及何时下车的问题，还有一个怎样下车的问题。部队军官里流传着一个古老的传统：在你离开岗位之前，你要在名片的背面写上"ppc"并把它用大头针钉在军官俱乐部的公告板上或诸如此类的地方。"ppc"是法语"pour prendre conge"的缩写，中文意思是"告辞"。这是我们永远离开原工作岗位、踏上新旅途的最后告别仪式，注意，是"永远离开"。

此外，有一种更加通俗、直接的说法："该放手时就放手。"

我见过很多管理者，他们在退位之后私底下依旧握着权力不放。他们保留着某些名誉头衔、退而不休的职位或其他类似的位置，仍然拥有自己的办公室、办公助手，可以列席办公会议并指手画脚，享受办公补助和津贴，但他们不用再承担任何责任或义务。

在部队中，到了该退的时候，你就得退下来。在交接仪式上，作为离任指挥官，你会获得勋章，你要把军旗交到继任者的手上，然后发表简短的告别讲话，检阅向你致敬的队列。你和新任指挥官握握手，然后离开。你得体地做完这一切之后，就走向站台后面的座驾，那里面满满地装着你的行李箱。你、你的孩子们，还有你的妻子，挤在一起，驾车驶向大门，此时新任指挥官正在检阅欢迎他的队列。这时很重要的一点是，你应该把后视镜调一调，别让自己看到车后的动静。更重要的是，你要把车窗遮挡严实，把车载收音机音量开得大大的，这样你就不会听到他们把你的那些个章程和理念扔进垃圾桶，"砰"地合上桶盖的声音了。结束了。你当权的时代过去了。

接下来的几个月，有人会打电话给你，告诉你他们有多想你，而新来的那小子有多不行。这都是些场面话，你应和着听听就是了。等新去的那位把位置一坐热，这些电话就再不会有了。

我总是跟我的继任者说，我不会打电话给他，但他要是有什么问题的话，尽管打电话问我。如果他是新近才受到提拔，而以前在我手下共过事，那当初我的工作就是要培养他，让他有朝一日可以取代我。现在他已经做到了。

我讨厌冗长的移交手续。交接者在继任者到来之前要做好充分的准备工作，在移交前应该把所有需要了解的都弄清楚。移交过程要短。继任者要讲礼貌，花点儿时间和前任交流交流，但不要缠着人家不放。你不可能真的想听他详细讲述他的仕途经历，听他说他对你可能有点儿讨厌。

我接替马德琳·奥尔布赖特出任国务卿时，两个月内我们见了三次面，一次在她家，两次在她的办公室。她和我关系不错，我从她的深刻见解中学到了很多。尽管这样，我从不去麻烦她。

我刚刚上任的时候，奥尔布赖特还是会帮帮我，但她从不打电话给我或在公共场合与我争论。4年后，我和下任国务卿康多莉扎·赖斯的交接情况差不多也是这样。你退下来之后，就像棒球球员走下了赛场，就得去球员席、候补队员区或停车场里待着。

大多数交接工作都不会有火药味，但如果前任领导人是因为无法胜任职位或因渎职而卸任的话，氛围就会紧张得多。新任领导需要新官上任三把火，尽快清理烂摊子，但绝不能对行将离职的人一味批评。他离开时没有人列队欢送，也没有领到奖章，他清楚地知道已经发生了什么，他为此备感压力。别在他的伤口上撒盐了。

鲍威尔的秘诀

· 不要制造"惊奇"。我不喜欢出乎意料的事情。坏消息不会随着时间的流逝而变成好消息。所以如果有任何问题，我希望提前知道，越早越好。

· 人们需要检验自己，证明自己，竞争并不仅仅是为了显示自己比其他人或其他队伍强，也是为了表明我们曾经为提高自己的技能尽全力训练过。赢得胜利非常重要，而且赢总比输好，但是完善我们的技巧和能力更为重要。

· 当你身着皇帝的新装，自鸣得意时，必须有耿直忠心的助手和朋友，提醒你什么也没穿。

· 既然决定参赛，那就一定要赢，那就得全力争胜。

· 没有竞争，我们会变得呆滞、盲目、松懈，不仅让身体失去活力，也会让精神变得疲惫。

· 总有比吼叫和咆哮更好的办法让人执行你的命令。当领导的要懂得如何将自己的意志灌输给下属。聪明且有天赋，还能与自己的下属打成一片的领导，经常会不动声色地带动下属，让下属执行命令。

· 当你思考解决问题的办法时，一定要充分考虑到接下来的影响；除此之外，你一定要问问自己这个解决方案是否切实可行，如果这只是一

166

厢情愿，那只怕会引发更多的问题。

· 智者无惑，多和智者相处，多与那些经验老到、见解深刻的人共事，我们会受益匪浅。

· 如果你的前任做得不怎么好，你也不用说什么。朝前看，既然现在你是负责人，那就负起责任来。永远记住：“现在是你在担纲。”

· “后查”唯一的目标就是自我改善和提高，这无关你我的自尊。如果我们属于一个团队，我们会本着“该如何做得更好”的精神使每个人都得到提升。我们不会掩盖错误，只会针对这些错误进行整顿，或者凝神思考，找出解决问题的办法。这需要每个人坦然面对现实，认真学习，且必须承诺不会用“后查”的结果将成员划分为三六九等。

· 作为领导，我的职责就是管理好我的人马，挖掘他们的潜能，确保他们按照我指定的方向奔跑。我顺便也要培养接班人，在我离开之后要有人能胜任准将之职。

· 即使是由最卓越、最宝贵、最成功的人才组成的团队，有一天也可能会失去竞争力而变得效率低下。对于无能力完成任务的人，做领导的要有把他们撤换下来的准备。不要把一群无能的下属换过来调过去，这种重组没有意义。要不就对他们进一步培训，要不就换一个合适的岗位，要不就干脆解雇他们。从长远来看，你其实是在帮助这些人；就近期而言，这对你的团队大有裨益。

· 认真工作，让上面来决定我何时该打包走人，这成了我的工作准则。

我赢定了：鲍威尔生活和领导的艺术

It Worked for Me:
·In Life and Leadership

3. 2003年2月5日，我在联合国的演讲

2. 『陶瓷仓法则』

1. 『鲍威尔兵法』

6. 戴安娜王妃的堂兄

4. 解决佩岛之争

5. 比萨和牛奶

7. 我的演讲生涯

9. 人家给我送的礼

10. 巅峰和谷底

8. 在路上

12. 出发献礼

11. 热狗外交

第六章

战争与外交中的领导艺术

1. "鲍威尔兵法"

如果有一种兵法能以你的名字命名，你自然会感到无比荣幸、受宠若惊。我至今也没弄清楚怎么会有以我的名字命名的兵法。

这个所谓的"鲍威尔兵法"并未载入任何军事手册。20世纪90年代末，布什总统接受了我和施瓦茨科普夫将军的建议，授权将进攻伊拉克的部队人数增加一倍，随后就出现了这个术语。"沙漠风暴行动"结束后，这个术语虽没有写入任何军事手册，却被人们传开了。所谓"鲍威尔兵法"，就是要运用一切必要的手段获得决定性的胜利，我们在攻打巴拿马和执行"沙漠风暴行动"的过程中都采用了类似的战术并取得了成功。

在讨论"鲍威尔兵法"的核心内容时，军事评论员倾向于使用"压倒性力量"一词，但我始终坚持应该使用"决定性力量"。一种能获得决定性胜利的力量并不一定是压倒性的；换句话说，压倒性力量有可能包含过多的力量成分，造成用力过猛的结果。重要的是在最后取得胜利，而不是能否彻底葬送对手或者敌人。

我始终认为解决军事冲突一定要投入"决定性力量"。原因很简单，如果你可以投入这样的力量，那干吗不呢？"沙漠风暴行动"后，我在安纳波利斯就海军战备发表演讲，在听众问答的环节中，有人问我，为什么施瓦茨科普夫将军要求只派一支航空母舰战斗群参战，而我却要求多派一支。我的答案很简单："因为我来不及增派更多的航母战斗群去了。这本来就是一场群殴。"这话答得很漂亮,但真正的原因是,我习惯在常规人数基础上增派人手以保障最终的胜利。

人们常把"鲍威尔兵法"与"温伯格兵法"相提并论。"温伯格兵法"是国防部长温伯格在1984年制定的6条使用武力的具体规则。

尽管温伯格部长的想法和我的想法有一些相似之处,但我从没有正式制定任何规则。我的战术思想重点不是制定某种规则,而是提出高层领导在决策过程中的指导方针。总统决定在某些特定情况下是否应该采用某种战术思想,而部队应坚决执行总统做出的决定。

在我看来,"鲍威尔兵法"的首要原则是避免战争。应该运用一切可以运用的政治、外交、经济以及金融手段来解决问题,达到总统设定的政治目标。同时,要明白武力是外交的支撑和延续,两者之间并没有绝对的界限。缺少武力支持的外交一般难以奏效。如果军队装备精良、部署得当、训练有素且具备动武的实力,外交人员在谈判桌上就能获得充分的武力支持,往往不费一兵一弹就可以达成总统制定的政治目标。

但是,如果总统认为只有动用武力才能达成他的政治目标,那就得动用决定性的力量去争取胜利。只有拥有明确的政治目标,才能决定动用怎样的军事力量。

在决定动用什么样的军事力量和如何调兵遣将时,决策者应该从头至尾进行通盘考虑。在完成最初的军事目标后,下一步该做什么?怎样判断战争已经结束?又怎样决定应该继续战斗还是退出战场?

随着军事行动的展开,部队高层指挥员必须向公众做出解释,并向世界做出解释。战争初期是否能获得舆论的支持并不重要,但随着时间的推移,如果没有舆论的支持,行动将会麻烦不断。

所有这一切都是以你有时间思考、协商和准备为前提的。但你不可能总是有时间思考和准备;有时候事出意外,你必须面对突然爆发的危机。

　　总统必须运用他掌握的所有信息，利用直觉做出重大的决定，在这种时候他不应该遵循什么一成不变的指导方针或规则。有时候，可能会出现紧急情况，正如英国人说的那样，"被逼无奈"，总统就必须动用军事手段，不管他果断与否，有没有明确的政治目标或者有没有得到舆论支持，他都必须采取行动。人生难得几回搏，不搏哪能知成败。

　　下述作战原则可以运用在局面最为错综复杂的大型战役上，也可能只是战争中普遍使用的最基本的原则——追溯到几千年前，它们就是所谓的"孙子兵法"或"克劳塞维茨[1]兵法"。

　　美国陆军把以下各条作为"战争宝典"加以教授，我还在预备役军官训练营做学员的时候就接触到了这些"宝典"，现在部队里教的还有以下9条：

- 兵力
- 目标
- 防御
- 出其不意
- 省力
- 演习
- 协调
- 安全
- 简约

---

[1] 克劳塞维茨（1780—1831）：普鲁士军事理论家和军事历史学家。1792年参加普鲁士军队。1795年晋升为军官，并自修战略学、战术学和军事历史学。他研究了1566—1815年间所发生过的130多次战争和征战，著成《战争论》一书，此书是西方军事理论巨著，书中提出了关于战争的一系列问题的系统的思想和看法。

这9条宝典中，前2条是"鲍威尔兵法"的经典组成部分，只是前后顺序颠倒了。以下是它们在军事手册里的定义：

目标：每一次军事行动都必须有指向明确、具有决定性意义和可实现的目标。

兵力：在具有决定性意义的时间和地点集中优势兵力打击对手。

注意"决定性"一词在这里重复出现。不仅要在具有"决定性"意义的时间和地点集中优势兵力，行动目标也必须具有"决定性"意义，只有弄清楚什么是"决定性"的，你才能取得战争的胜利。这在克劳塞维茨那里，叫作把握"战略重心"。

1989年，我们对巴拿马发起攻击。我们的战略目标不仅是要推翻曼纽尔·诺列加，还要摧垮他的整个政府和军队，并让经过选举产生却被压制的合法总统取而代之。我们在偷袭中使用了2500多人的军队，迅速解除了巴拿马军队的威胁，确立了我方的主导性地位。接着，美军转向维持巴拿马的社会稳定，支持新总统就任，成立新政府，重组军队。但我们因单方面出兵，袭击了一个不足以威胁美国安全的小国家而受到了全世界的谴责。不过我们行动干脆利落，成功平息了谴责的声音。今天，没有美国军队驻扎在巴拿马；在事件结束后的20年里，巴拿马人民举办了4届民主选举。

当初，老布什总统曾想以经济制裁和外交手段阻止伊拉克在1990年入侵科威特，并动员整个国际社会予以支持。当时，我们的军事任务是派部队防止伊拉克进一步挥师南下入侵沙特阿拉伯。我成功地完成了任务。

后来，制裁已明显无法使伊拉克撤军，于是老布什总统接受施瓦茨科普夫将军和参谋长联席会议的建议，将两倍于常规的兵力派往沙特阿拉伯。这支部队的主要政治和军事目标异常明确，那就是"将伊拉克军队赶出科威特"，这也就是"沙漠风暴行动"的目标。我们相信强大的兵力将取得决定性的胜利，这足以让我向总统保证必将实现预期目标。

　　我们实现了总统和所有决策者在"沙漠风暴行动"中的主要目标。

　　无论是在制订计划还是在实际行动中，我们从没有考虑过进军巴格达，无论是从政治上还是从国际关系角度出发，都不应该有这样的目标。那样我们就不会得到联合国的支持，我们就不可能形成国际统一战线，老布什总统并没有征服某个国家的欲望。在"沙漠风暴行动"结束的时候，伊拉克军队被赶出了科威特，科威特完全由自己的政府来治理。"沙漠风暴行动"取得了军事和政治上的成功。

　　在老布什总统任期快结束的时候，他决定派军队到索马里维护社会秩序，给陷入绝境的索马里人民源源不断地提供食物和其他营养物资。这一行动是在电视镜头前展开的。有媒体记者取笑海豹突击队[①]队员在镜头前登陆有作秀之嫌，但仅此而已。事实上，我们那样做的目的是要公开威慑让索马里人民遭遇不幸的社会垃圾和不法分子，我们要让他们知道恶行的后果，我们要让他们担心我们会怎样处置他们。新闻镜头的直观性帮我们实现了这些目标。仅用了几星期的时间，我们就完成了一开始就计划要完成的任务。

　　随后上台的克林顿政府决心要达成一个更加雄心勃勃的目标，他们要在索马里建立一个民主政府。在索马里，民主闻所未闻，也没有人对民主感兴趣。但1993年10月发生的悲剧性的"黑鹰坠落"事件[②]表明在索马里建设民主政府实属徒劳。我们最终撤出了索马里。

....

① 海豹突击队：全称为美国海军海豹突击队，隶属于美国海军，世界知名的特种部队之一，是美国实施低强度战争、应付突发事件的"杀手"。

② "黑鹰坠落"事件：指美国1993年在非洲国家索马里的军事行动。其中最重要的一次任务由于准备不充分和情报错误，导致行动陷入混乱，2架美军160特种航空团的UH60"黑鹰"直升机被先后击落坠毁，幸存成员陷入索马里民兵的包围，抓捕行动随即变成拯救行动。随后激战15小时美军才撤回安全区，共有19名美军士兵在行动中丧生，而索马里平民和民兵伤亡超过1000人。

但后来在波斯尼亚，克林顿政府确立了正确的目标。塞尔维亚军人在前南斯拉夫境内屡施暴行，甚至进行种族灭绝活动。当时南斯拉夫的局势异常复杂，我们看不到实现任何政治目标的可能，也没有实施任何军事战术的有利条件。在这种情况下，克林顿总统仍毅然决定采取行动。在长达2年的时间里，北约缓慢艰难地展开军事行动，制约塞尔维亚人。克林顿总统做出了正确的决定，北约的军事行动最终取得了成功。

1994年9月，海地的拉乌尔·塞德拉斯将军发动政变，迫使合法总统让-贝特朗·阿里斯蒂德下台，克林顿总统决定使用武力手段，帮助阿里斯蒂德恢复合法身份。总统一边调集军队，做好了登机出发的准备，一边委派前总统吉米·卡特、参议员萨姆·纳恩和我去劝说塞德拉斯及其军政府主动下台。我们与塞德拉斯和他的将军们足足争论了2天。

在一次关键的会谈中，卡特总统让我向他们说明如果不主动下台将会遭受什么样的结果。我告诉了他们我们的兵力部署情况以及可能采取的军事打击策略，我跟他们说："我军明天就将抵达海地。"

塞德拉斯盯着我看了很久。最后，他开口打破了僵局，说道："嗯，过去在加勒比海地区，海地的军人数量是最少的，明天恐怕就要变成最多的了。"

塞德拉斯和他的军政府意识到是时候该收拾收拾走人了。

第二天早晨，当第82空降师飞抵海地时，他们受到了塞德拉斯将军的欢迎。当这一切都结束后，我想起了我最钟爱的一句经典格言，就是修昔底德说过的那句名言："一切炫耀武力的手段都不如含而不发更具威慑力。"

2001年美军攻击阿富汗和2003年攻击伊拉克的行动在开始阶段都极其成功。我们很快就攻陷了喀布尔和巴格达，迫使旧政府下台。但是由于缺乏清晰、现实的后续目标，或者说缺乏达成这些目标的方法，行动后期变得很失败。之后我们经过数年的努力，投入了潮水般的优势兵力才扭转了局面。其实从行动一开始就该投入优势兵力，是有人无视现实、一厢情愿的战略性决策失误导致了失败。

我还可以引用更多美国军事史上的例子，我也能从美国企业发展史和政治历史中举出成百上千的例子，事实上，人类的每一个成功事例都能证明这一点。

企业领导人必须对市场、竞争对手以及手头的经济资源做出正确的分析。必须集中你在研发、生产、财政和市场营销领域拥有的优势去达成企业的主要目标。必须全面施展你的领导艺术。必须防止意外发生。要学会在适当的时候铤而走险，以弱胜强。要学会全力争胜，将危机和失败转化为机遇和成功。

连《圣经》上都有类似的教导。《路加福音》14章31节写道：

> 或是一个王出去和别的王打仗，岂不先坐下酌量，能用一万兵去敌那领二万兵来攻打他的吗？

换作我，我宁愿做那拥有二万兵的王，也不要做那一万兵的王……当然，我还需要明确的目标和决定性的战略方针。

2. "陶瓷仓法则"

当年，我还是一个小兵的时候，就有人告诉我说，一旦你拿下了目标阵地，无论是攻下了一个山头、一座小镇、一座桥梁，还是夺取了一个关键的路口，你都要首先巩固自己的阵地，为你的士兵准备热饭热菜以及干袜子，同时补充武器弹药，挖壕固守，为迎接敌人的反击做好准备。战役远没有结束，形势瞬息万变。你要一面巩固阵地，估算着敌人的反应，一面寻找战机夺取进一步的胜利。敌人可能已经被打得魂飞魄散，你可以趁势再给敌人以致命的最后一击；又或者，敌人得到了增援，出人意料地卷土重来——不管接下来将发生什么，可以肯定的是，你将面临更多的战斗。做好准备吧，掌控一切！

2002年8月5日晚，小布什总统和我在他白宫的住宅讨论对伊拉克开战的利弊。当时政府中要求采取军事行动的呼声渐长，总统先生也越来越倒向了动武的这一方。

我想让他明白，军事行动会带来严重的后果，包括很多无法预见的、危险的并且无法控制的恶果。总统先生收到的大部分简报都倾向于动用武力，用武力打垮伊拉克军队，迫使萨达姆·侯赛因和他的政权下台。而武力之外的选择以及武装攻打带来的后果并没有引起足够的重视。

毫无疑问，我军将轻而易举地战胜弱小的伊拉克军队，他们在"沙漠风暴行动"中遭受到打击，并且因为随后对伊拉克的惩罚措施而实力大减。但一想到战争可能带来的不可预测的后果，我就忧心忡忡。如果按照那些信心十足的攻击计划，在我军占领巴格达90天之后，伊拉克有望变成一个在民主领导人治下的社会稳定的国家。我认为这是一种不切实际的幻想，我相信我们将在这场战争中越陷越深。

战争带来的是破坏，是死亡，战争结束后留给人们的是可怕的混乱、物质的匮乏和社会的动荡。攻占了敌国的首都并不意味着胜利就会不请自来，被占领的战败国会满目疮痍，秩序混乱。那时维护公共安全和秩序的机制会遭到破坏甚至被完全摧毁，正常的交通和商业活动也会受到严重影响。尽管占领军以解放者的身份进驻，但他们多半不会受到热烈的欢迎，相反，他们面对的可能是暴动、趁火打劫或者对占领者普遍的敌意乃至蓄意破坏和暗杀。战前原本隐藏着的宗教、政治和种族冲突有可能在战后以难以预料的方式爆发出来。

战争从来都不是一个让人愉快的解决之道，只不过有时它是唯一的解决之道。在决定选择战争解决问题之前，我们要竭尽全力找寻其他可能的解决方式，要尝试战争之外的各种政治和外交手段来达成目标。

我想到了一种简单的表达方式，概括了我的这些想法："打破东西就得埋单。"这话虽简单，却包含着深刻的道理。如果我们以武力夺取了一个国家的政权，那我们就要作为新政府，负责管理这个国家，对这个国家民众的安全负责，直到一切平复，一个新的、稳定的政府得以建立。既然我们现在选择要负起这样的责任，那我们就要做好负责的准备。

认真听取了我的汇报之后，总统先生询问我的建议。"我们应该将这一问题诉诸联合国，"我告诉他，"伊拉克违反了联合国的诸多条例，从法律上说，联合国也是受到损害的一方。让我们看看是否有可能通过外交途径来解决大规模杀伤性武器的问题，如果这样不能解决，我们再开战，那样的话也有利于您与其他国家联合采取行动。"

"当然，"我接着说，"如果联合国能提供让我们满意的证据，证明伊拉克不存在大规模杀伤性武器，问题也就解决了。虽然萨达姆政权仍然存在，但为了推翻他的统治，值得我们发动一场战争吗？"

总统和他的国家安全大员，包括副总统切尼和国防部长拉姆斯菲尔德都一致同意这套行动方案。2002年12月12日，小布什总统在向联合国大会递交的年度报告中提出了有关要求。在报告中，总统呼吁联合国安理会宣布伊拉克严重违反了联合国的决议，并要求伊拉克就大规模杀伤性武器问题做出合理解释。

经过8个星期的紧张辩论和谈判，联合国安理会一致通过了联合国第1441号决议。这项决议除前述问题外，还要求伊拉克对其糟糕的人权记录以及支持恐怖主义的行为负责。

2003年3月初，小布什总统以及其他国家的领导人认为联合国的决议并未收到预期效果，于是战争拉开了帷幕。很快，我们就取得了军事上的胜利。2003年4月9日，我们攻陷了巴格达，萨达姆·侯赛因及其政权被赶下了台。于是我们宣告"任务完成"，并开始庆祝胜利。但很快，巴格达就爆发了骚乱。我们并没有实现对伊拉克，特别是对巴格达的绝对控制。我们占领了伊拉克，却没有足够的力量给这个国家带去我们的理念。我们没能负起责任。

伊拉克并没有像被施了魔法一般在几星期之内就变成一个民主、稳定的国家，相反这个国家正淹没在疯狂的暴乱中。在这个国家面临分崩离析的危境时，这个国家的高层管理人员却认为这不过是少数反叛分子的"垂死挣扎"，并认为他们不久就会烟消云散，但情况日趋严重。

3年后，小布什总统意识到了日趋恶化的形势的严重性。他又派出大批军队去制止可能发生的灾难。

"打破了东西，你就得埋单"，媒体将它称之为"陶瓷仓法则"。尽管这一名称不是出自我之口，但我感觉这种说法确实生动贴切，让人印象深刻，因此新闻界也一直沿用这个说法。但问题是，陶瓷公司并没有这样的规定，而这一说法造成了人们对陶瓷行业的误解，也让他们很不开心。因为这个说法因我而起，所以他们对我也不感冒。在一次电视采访中，我竭尽所能设法澄清误会，但这种印象已经深入人心，很难改变了。说实话，我也没有因此感到愧疚，不管怎么说陶瓷公司也因此意外得到了广泛的关注。

另外，当我想出"打破了东西，你就得埋单"这个说法的时候，我并没有想过它与任何商店或者商业行为的关系。在我看来，这一说法仅仅涉及承担责任的问题。你掌握了权力，那你就得负责任。这条原则与陶瓷厂或其他商店毫无关联。

负责任，这是一个新兵最先要养成的品质之一。新兵都要学会如何站岗放哨，这是一个普通却又重要的任务。要想规范执勤，严格履行哨兵的责任，一个人需要学会不少的规则。这些规则统称为"哨兵守则"。

在这些"哨兵守则"中，有一条这么多年以来一直深深印在我的脑海里，成为我领导艺术的一条基本原则：一个哨兵的责任就是"对自己的岗位和视线内所有的政府财产负责"。

换句话说，就是"一旦拥有了权力，就要负起这个责任"。

　　试想，在一个寒冬的深夜，20辆坦克并排停放在车辆调配场，一个年仅18岁的列兵独自一人在四处走动巡逻。他负责警戒的并不只是站立或走到的位置，他要为整个岗位负责，他要对视线内所有的人员与财产安全负责，包括坦克调配场、周围的建筑、正在熟睡的战友和栅栏等等，他要对这一切的一切负责。这不仅仅指要看好它们或者偶尔检查一下，还意味着你必须能掌控全局。一旦有东西遗失或情况不对，你都要及时应对。哪怕你此时还只是个列兵（在部队里升迁可不是容易的事），你拥有着上级赋予你的权力，你就得像一个长官一样负起责任、处理问题。

　　"哨兵守则"接下来的一条是：出现意外情况时，你要迅速呼叫，求得援助。如果你碰到一些意外的情况，不知道该怎么处理时，应该马上呼叫"警卫长"。但在救援到达之前，你还是要负起责任。

　　这样一来，士兵们就形成了一种"主动行动倾向"，喜欢迎接一切挑战。我们对军官和军士一向这样教导："别傻站在那儿，要做点儿什么！"

　　在攻陷巴格达之后的几天、几星期甚至是几个月中，我们都拒绝对眼皮底下发生的一切做出反应，只是把注意力集中在提高石油产量、扩大电力输出、推动股市发展以及建立新政府等事务上。这些都是值得去做的事情，但没有决定性意义。除非我们完全掌控了阵地，稳定了伊拉克局势，保证了所有财产的安全，做这些事情才会真正有成效。

　　伊拉克人都很乐意看到萨达姆·侯赛因下台，但他们首先得维持生计，供养家人。推翻一个恐怖政权固然可喜，但如果不能让他们的子女吃饱穿暖，如果不能在他们穿街越巷去找工作的时候保障他们的安全，那又有什么意义？伊拉克人最需要的是社会稳定，他们需要看到有人出来控制局势，有人出来防止政府机构被烧毁、博物馆被洗劫、基础设施被摧毁，有人出来制止犯罪、制止因广为人知的宗教分歧而转化成的暴力行动。

　　进驻巴格达以后，我们曾有一个经总统授权的计划。我们本不打算解散伊拉克军队，而是要将其进行重组并对政府领导班子重新洗牌，然后利用改革后的军队和政府来维持伊拉克的社会稳定和秩序。我们将解散原执政党复兴社会党，但并不会将所有复兴社会党成员都驱出政府办事机构，因为在侯赛因执政期间，如果有人想成为一名政府工作人员，想成为教师、警察或是邮政员，他都必须加入复兴社会党才行。我们只想免除那些曾经掌握实权的复兴社会党高层领导的职务，保留那些低层的官员和工作人员，因为我们需要利用他们接受的教育、拥有的技能和经历的锻炼来保障这个国家的日常运作。

不错，伊拉克曾经是一党专政的国家；是的，在复兴社会党内和伊拉克军队里仍存在危险分子。我们必须把这些人找出来加以清除。是的，很多伊拉克士兵都逃走了。但是，一套现成的管理机制还在，那些空缺的岗位很快就能有合适的人选。

然而，这项得到过总统授权的计划并没有被执行。国防部长拉姆斯菲尔德以及负责战后伊拉克事务的盟国驻伊拉克临时权力机构负责人布雷默大使自行其是，解散了伊拉克军队，枪毙了复兴社会党成员，甚至连教师也不放过。我们赶走了原本可以利用的官员，解散了政府管理机构，让这个国家成千上万拥有最高技术的人失了业。他们因此愤怒不已，而这批人又为骚乱注入了新的力量。

这些行动让总统和国家安全顾问康迪·赖斯，还有我，都大为震惊。但是既然他们已经开始了，总统觉得他就必须支持国防部长拉姆斯菲尔德和布雷默大使的行动。

而且同时，在这个关键时刻，我们居然开始撤回军队，召回高级指挥官和他们的幕僚，并且不再向伊拉克派兵。回国之后，我们开始庆祝"使命完成"。白宫也开始安排胜利游行。

虽然我们打赢了一场战斗，拿下了一个山头，但打赢整场战役或许还需要好几年的时间。摧垮萨达姆·侯赛因政权只是一场漫长战役的开始，我们原本应该预料到的，但是实际上却没有做好充分的准备。

我们打破了它，也埋了单，却摆弄不了它。

2006年，小布什总统发动了让他名声大振的如潮攻势。我们的军队与新组建的伊拉克军事和警察力量一道，合力扭转了伊拉克的混乱局面。但几年的时间已经过去了，许多人丧失了性命。美军和盟军现在都已经离开伊拉克，伊拉克的形势也已经大为好转，但这场战役仍没有结束。我们都希望伊拉克人有一个美好的未来，给他们的子孙后代留下一个自由、民主、和平的国度，能睦邻友好、和平共处。

任何一个倾向于接受"陶瓷仓法则"的领导人，在最开始都应该尽量避免打破陶瓷器皿。但假如你真的打破了它，或者你准备打破它，又或者你实在无法避免打破了它，那你就要考虑付出代价，并为可能出现的一切问题做好准备。

计划在没有执行之前可以说是成功的，也可以说是不成功的。但对于一个计划来说，成功地执行计划往往比计划本身更重要。我接受的训练告诉我，即便在行动开始实施的那一刻，也可能需要对计划做出修正；我们也总会安排一群人待在后方，衡量计划的成败得失，并且为每一种可能出现的问题准备应变计划。

作为领导人，我们不论在思想上还是行动上都要反应敏捷。在计划行不通或者出现新情况时，要随时准备修改计划，甚至放弃计划。总之，领导人千万不能因为计划表面的光辉或者个人为计划的付出而遮蔽了双眼。领导人一定要密切关注计划的执行情况，自始至终都要根据实际情况做出判断和反应。

3. 2003年2月5日，我在联合国的演讲

虽然我向联合国和全世界发表的那篇著名的或者说臭名昭著的演讲，

那篇关于伊拉克大规模杀伤性武器的演讲，已是多年以前的事了，但时至今日，我仍几乎每天都被问及或是读到关于它的内容。2003年2月5日，我发表演讲的日期，它犹如我的生日一样烙进我的记忆中。这件事将会成为我讣告中的重要内容。

"它是您从政史上的一个污点吗？"芭芭拉·沃尔特斯[①]在我离开国务院后接受的第一次大型采访中这样问道。

"是的，"我答道，"而且我无力改变事实。"

事情发生了就是发生了。它已经结束了，我就只能接受事实。

大多数公众人物都有过一失足成千古恨的经历，他们更愿意忘记，希望自己变得健忘，但是做不到。那么你该怎么办呢？你该如何担当呢？

2003年1月，伊拉克战争即将打响，小布什总统认为需要将我们与伊拉克敌对的情况告知公众和国际社会。当时，小布什总统认为战争已不可避免。他已经下定了决心，尽管国家安全委员会还没有也始终没有开会集体讨论这一问题。2003年1月30日，在白宫椭圆形办公室，小布什总统告诉我，是时候向联合国报告我们将与伊拉克开战了。

他选定的报告日期是2月5日，就在几天之后。

报告内容将会涵盖诸多方面，从侯赛因政权糟糕的人权记录到它对联合国决议的违背，再到它对恐怖分子的支持。但是演讲的主要关注点是伊拉克的大规模杀伤性武器。萨达姆拥有大规模杀伤性武器，虽然在"沙漠风暴行动"中他并没有拿出来使用。多年前他曾在内战中使用过化学武器，他也曾在1980—1988年的两伊战争中对伊朗使用过化学武器。情报机构认为他不仅储备有而且还在继续制造大规模杀伤性武器。在"9·11事

---

① 芭芭拉·沃尔特斯：美国知名女性主持人，尼克松首次访华团中唯一的女主播，采访过自尼克松以来的每一位美国总统和第一夫人，5次获得艾美奖，当选过"历史上最伟大的流行文化偶像""20世纪最有影响力的女性"。

件"之后，这些武器可能落入恐怖分子手中，对此我们深表忧虑。

尽管我们的情报机构在伊拉克大规模杀伤性武器制造计划的具体内容上存在分歧，但在伊拉克人拥有这样一个计划上毫无争议。他们确信萨达姆持有并且正在制造大规模杀伤性武器。但联合国武器核查人员对此一直有所怀疑。

在我去联合国演讲之前的3个月里，中央情报局主管曾应国会要求，向国会递交了国家情报评估报告，对情报机构的判断予以支持。根据这份评估，国会通过了一项决议，如果无法通过联合国以和平的方式解决问题，那么总统就有权采取军事行动。

评估报告中包含多项措辞强硬、言之凿凿的声明，其中一项声称伊拉克正在重建核武器，另一项则指出"萨达姆很可能持有至少100公吨[①]，甚至多达500公吨的化学武器原料"，且大部分是去年新增的。另一项声明声称伊拉克人已经建造了可移动作战的装载生物武器卡车。

尽管多半是依情况推导出来的，但评估报告的证据还是很有说服力的，也获得了部队指挥员、大多数国会议员、国家安全委员会、总统，以及众多朋友和盟友的认可。在经历了"9·11"恐怖袭击之后，总统认为我们的国家不能冒险让萨达姆拥有大规模杀伤性武器。

总统意识到最终必须向国际社会说明我们开战的理由，他命令国家安全委员会为此做好准备。

后来在1月30日，当我同总统会面时，我的手下收到了国家安全委员会提交的关于大规模杀伤性武器的报告。报告一团糟，前后不一致，得出的结论要么未提供来源，要么与国家情报评估报告毫无联系。我问中情局负责人乔治·特尼特究竟这是怎么回事，他告诉我这事与他无关，他向国家安全顾问康多莉扎·赖斯的办公室提供了国家情报评估报告及原始材

---

① 1公吨=1000千克。

料，但他不清楚在那之后发生了什么。

后来我才得知是副总统切尼的办公室主任斯科特·利比编写了那些毫无根据的结论，而非国家安全委员会的成员所为。几年后我才从赖斯博士那里获悉让利比来撰写报告是副总统的主意，他说服总统让律师出身的利比将"报告"当作律师诉状来写，而非情报评估报告。

情报评估报告提交的是由确凿证据得出的结论，而律师诉状的目的是要证明有罪无罪。利比的报告最大的问题在于我们无法根据国家情报评估报告或是其他情报来判断有关论断的事实真相。不能因为它是中央情报局局长提供的就相信它，所以这份报告根本没有什么价值。

出现在我们面前的这份报告完全无法使用，而我们要重新拟定一份报告只有大约4天的时间了。我请求延期演讲，但总统已经公布了我的演讲日期，联合国也已将它计入了议事日程。

"好吧，"我心想，"我们可以处理好的。"我有些不安，但并没有乱了阵脚。我们并非从零做起，我们有国家情报评估报告和中情局的原始材料可以利用。但另一方面，我们的报告必须无懈可击。我们面临的情形就像阿德莱·史蒂文森①在1962年古巴导弹危机时去联合国做演讲时的情形一样，当时他告诉世界，苏联绝对正在古巴安装核弹头。

我的手下进入中情局与特尼特局长和他的副手约翰·麦克劳夫伦以及他们的分析人员协同工作。他们连续干了4天4夜。每天夜里，我和赖斯博士以及其他白宫工作人员都加入了他们一起干。会议室都被塞满了。我们花数小时回顾每一个细节，努力想出确凿的证据，去掉明显夸大了的事实或是证据不充分的说法。一些被去除的说法竟出自副总统，他让我们将新报告向

---

① 阿德莱·史蒂文森（1900—1965）：美国政治家，以其辩论技巧闻名，曾于1952年和1956年两次代表美国民主党参选美国总统，但皆败给艾森豪威尔。后被任命为美国驻联合国大使，1962年古巴导弹危机时，他将美国拍摄的苏联向古巴运载核弹的照片公布于众，令苏联官员哑口无言。

斯科特·利比的报告倾斜，要我们重拾几个月前就已经摒弃的推断，如认为伊拉克应该对"9·11"事件及其他恐怖活动负责，但我们情报机构的情报并不支持这些推断。

报告在我即将在联合国安理会做演讲的前一夜完成了，当时我们已经到达纽约。我的手下为报告忙到深夜，特尼特和麦克劳夫伦也审阅了报告中的每一个字。

次日，在联合国安理会，我发表了长达一个半小时的演讲，演讲向全世界现场直播。总统就坐在我的后面。虽然我不能将这次演讲与阿德莱·史蒂文森的演讲相提并论，但我感觉整个报告进行得非常顺利。英国和西班牙外交部长对我们接下来要采取的行动给予了支持，但法国外长表示了反对。总体来说，我们似乎完成了一次有力的指证。

6个星期之后，战争打响了，巴格达于4月9日被攻陷。最初的几个星期里未发现大规模杀伤性武器。接下来的几个星期里，数百名检查官进入伊拉克搜查。他们发现了分散的大规模杀伤性武器残骸，但未找到可以使用的大规模杀伤性武器。正如全世界所知道的那样，直到最后也没有发现大规模杀伤性武器，什么证据也没有。

尽管萨达姆·侯赛因有能力制造大规模杀伤性武器，但他手里确实没有储备这种武器。有阴谋论者猜想，萨达姆·侯赛因已经将大规模杀伤性武器掩埋了或是运往叙利亚了，但这些猜测也是没有根据的。

中情局报告中的车载生物武器就是一个例子。有人发现了一辆可疑的卡车并拍了照片，它看上去符合中情局报告中的描述，很像装载生物武器的卡车，连小布什总统都说这些照片证实了我们的假设。但是当国务院情报人员仔细观察过这些照片后，他们认为这些卡车不可能装载生物武器，我也同意他们的观点。照片上的卡车很破旧，顶篷敞开着，车载设备也很粗糙，与用于制造生物武器的复杂设备仅有些微相似之处。即便如此，这已经是最接近我们当初推断的一次发现了。

尽管我和我手下的工作人员都清楚这些卡车很显然不可能用于制造生物武器，但在我们得到照片1个月之后，中情局发布了一本有28页的小册子，他们坚持认为卡车就是用于制造生物武器的。

在接下来的几个星期里，总统和我先后收到了来自中情局的简报，他们提供的零散信息让中情局曾经宣称证据确凿的消息彻底失去了可信度。我感到困惑不解。为什么我们当初的推断距事实如此遥远？我们看上去牢不可破的推断怎么可能会遭到如此毁灭性的打击？国家情报评估报告是如何得出结论，认为那个伊拉克人拥有数百吨化学武器原料，又怎么会让我以"其中大部分是去年新增的"？

8月，距离攻占巴格达已有4个月的时间，尽管他们已经没有了消息来源，事实上也未发现大规模杀伤性武器，中央情报局却继续发表正式报告说，根据他们现阶段掌握的信息，他们仍坚持最初的判断。由总统授权组建、由前参议员查克·罗宾和劳伦斯·西尔伯曼法官领导的伊拉克情报委员会的调查结果清楚而细致地显示了中情局在分析判断上的失误。这是美国历史上最严重的一次情报失误。

每个人都记得我在联合国的演讲。它对美国和世界都造成了巨大的影响。它曾经让许多人相信我们选择了一条正确的道路。国会议员告诉我，是我说服他们投票赞成总统的决策，哪怕事实上他们早在我演讲前的3个月就已经投票通过了这项决议。我的演讲成了攻打伊拉克的假想出来的理由，除此之外，它还会留给人们其他的印象吗？

人们很少会提到另外一点，那就是每一个美国高层领导都会做出完全相同的推断。他们中很多人就在电视上或是其他公开场合做出过同样的推断。我们采信了相同的证据，但是我们并不知道大多数证据其实是错误的。

如果我们早知道伊拉克不存在大规模杀伤性武器，那么也就不会有那场战争了。

　　由于在许多人的头脑中已经把我在联合国的演讲等同于我们需要攻打伊拉克的子虚乌有的论断，至今人们仍频繁地问及此事，它也成为网络上我常被人诟病的对象。他们会问，你们撒了谎，是不是？你们知不知道证据是错的？

　　当然没有，当然不知道。

　　还有其他的问题：为什么如此多的资深政府官员会相信这么站不住脚的消息？中情局怎么会有如此大的失误？原因何在？是分析员告诉你们假想中的消息的吗？有人认为，我们甚至有可能被伊拉克的虚假信息欺骗了。如果是萨达姆想让我们相信他握有大规模杀伤性武器，那么他的确让我们信以为真了。

　　对于这些问题我没有答案。我真希望我能有答案。

　　我的问题远不止这些。我还反反复复地问自己：我本应该看出国家情报评估报告的不足，不是吗？我本该指出报告中的问题，不是吗？难道那时我丧失了我的敏锐直觉吗？

　　后来，我读到前中情局官员写的书和文章。他们在其中声称，得知我在联合国的演讲中使用了那些没有事实依据的推断时，他们感到非常震惊。那么几个月前，撰写国家情报评估报告时他们在哪里？同样的言论出现在总统2003年1月发表的国情咨文演说报告中的时候他们又在哪里？

　　没错，我被惹恼了，而且我现在仍然很恼怒。没错，我希望没有那么多得不到回答的问题。没错，当有博客指责我撒谎，指责我事先明知道是不真实的信息却还要采用的时候，我极其恼火。因为在这件事上我没撒过谎。没错，这是一个污点，这是一次失败，我将始终将之与我在联合国的这次演讲联系在一起。但是我生气主要是因为自己没能察觉到问题，我当时的确丧失了以往敏锐的直觉。

　　也许，如果我们有多于4天的时间，就有可能发现问题。但也有可能发现不了，因为那时情报机构告诉我，他们的推断已经为大家所采纳。

但是我知道我必须把我的恼怒、痛苦和失望先放在一边。我知道我必须带着这个污点继续生活下去。

我仍然是负责全面事务的美国国务卿。我必须卸下负担，继续工作，并从这次经历中汲取教训。我懂得了应该对情报分析员提出更高的要求，懂得了对于那些表面上无所不知的专家，我应该让我天生的怀疑变得更敏锐。

我之前从未讲述过与我2003年联合国演讲有关的事情，很可能我也不会再讲第二次。

这绝不是我第一次遭受失败，但却是我最重大的失误，它造成的影响太大了。从这一点来说，它与其他的失败是相似的。我试图用对待其他失误的方式来对待这次失败，我努力遵循着以下原则：

总是迅速地从失败中恢复过来。从失败中学习，分析你为什么会失败；如果你有责任，那就要勇于承担；尽管别人可能比你有更大的责任，但不要把这当作你逃避责任的借口。一旦你分析得出出错的原因以及你究竟在哪方面做错了，你就要汲取教训，然后继续前进。在人生之路上行驶，要始终从前风挡玻璃看出去，而不是老盯着后视镜。不要成为那种人：总是滔滔不绝地讲述自己那些受怠慢、遭背叛和经历伤害的陈芝麻烂谷子的事，那样其实很讨人厌。不要沉迷于向同情你的朋友倾诉，而要从失败中学到东西，然后继续前进。

我很高兴萨达姆·侯赛因不可能再执掌政权了。假如他逃过了2003年的审判和联合国的制裁，我敢说他一定会回来开发并制造大规模杀伤性武器。这种威胁被消除了。我对我们的军队以及盟友所做出的努力与奉献表示钦佩，他们曾在战场上浴血奋战，如今已返回家中。对于那些在战争中献出宝贵生命或是受重伤的士兵以及他们的家人，我向他们表达一个战友的痛苦与同情。

当我们继续前行时，我们一定不能忘记和忽视曾经的教训。

4. 解决佩岛之争

领导者一定是能解决问题的人，否则又何来"领导"一说？通常领导都希望要解决的问题是和自己、和自己所在的组织或者和个人的利益有关系，但实际生活中常常事与愿违，有些问题完全出乎意料，跟你一点儿利害关系都没有，你甚至对于事情的起因一无所知，但是你不得不担负起责任。

如果你是在美国政府工作，那么情况就会更加棘手，问题会突如其来，因为美国一直是全球首选的解决问题者。

记得2002年7月某个星期四的下午，新任不久的西班牙外交大臣安娜·帕拉西奥给我打来电话，在电话里，我们寒暄了几句之后她就直奔主题了。"我们在地中海出现了危机，"她激动地说，"您快想想办法。"

她说得我糊里糊涂，但为了使自己不那么被动，我只能先稳住她，我说："我一直在跟进这件事情，稍后我会给您回电。"

挂了电话，我冲着办公室外的工作人员大声吼道："地中海发生什么事了？我不是告诉过你们吗，凡事要提前告知我，别给我制造什么惊喜！难道是要打仗了，我却不知道？"

工作人员立刻打电话给美国常驻欧洲和非洲的专家了解情况，然后来跟我解释说："国务卿先生，事情是这样的。离摩洛哥海岸200米处有一个岛叫佩雷希尔岛，西班牙人叫它荷兰芹岛。而我们通常就称它为佩雷希尔岛。佩雷希尔岛是西班牙的领土，已经有400年的历史了。但摩洛哥说这个岛是他们的，不仅如此，他们还声称对另外两块在摩洛哥土地上的西班牙飞地休达和梅利利亚拥有主权。"

"我从没听说过这个地方，"我说，"但我想我对地中海还是了解的。"

"国务卿先生，这个岛很小，露出海面的礁石面积大约只相当于一个足球场大小。那里几乎一片荒芜，只生长荷兰芹，除了野山羊外，渺无人烟。偶尔会有晒日光浴的人或者毒贩子去那里。"

"嗯，嗯，好的，那危机从何而来？"

"这是二战以来第一次有人从非洲入侵欧洲。目的还不是很清楚，但摩洛哥人占领了佩岛，有可能是为了庆祝国王最近举行的婚礼吧。登陆部队由12名摩洛哥边防战士组成，他们在岛上搭起帐篷，竖起两面摩洛哥国旗，并且通过电台发表了讲话。"

"嗯，然后呢？"

"几天后，西班牙发现摩洛哥占领了佩岛，顿时乱作一团。这对他们来说是个政治危机。西班牙政府立即通知了北约和欧盟。北约态度含糊地声称这是西班牙和摩洛哥的双边冲突，而欧盟则表示强烈谴责。'对于这件事情，我们深感……'欧盟表示，'这是对西班牙领土的入侵。'不久，摩洛哥向伊斯兰会议组织上报了自己对佩岛的领土要求，得到了伊斯兰会议组织的支持。"

他们继续说道："然后西班牙海军发动反击并重新夺回了佩岛，他们将摩洛哥人赶回了摩洛哥自己的地盘。目前有75名西班牙士兵驻扎在那儿。"

我哭笑不得："这不是在开玩笑吧？这不是现实版的《喧闹的老鼠》吗？"《喧闹的老鼠》是彼得·塞勒斯的一个经典喜剧，讲的是一个欧洲小国竟然误打误撞得到了世界上最有威力的炸弹，让世界各国都闻风丧胆。

"不，先生，这已经成为一个严重的国际问题了。"

我想知道，为什么安娜要给我打电话？我不知道该怎么回复她，但是我不得不回电。

电话接通后，我解释说现在我已经全面了解了这场危机的最新进展。"我可以提供什么帮助？"我尴尬地问。

"是这样的，"她说，"我们已经夺回了佩岛，现在我们驻扎在佩岛的士兵想回来。但是摩洛哥军方一直虎视眈眈，意图再次占领佩岛。伊斯兰会议组织支持摩洛哥，欧盟支持我们西班牙，所以就请您拿个主意。"

瞧，这么好的机会硬是砸到我头上了。

幸运的是，整个过程并未造成任何伤亡。当西班牙士兵登陆佩岛时，实际只有6名摩洛哥士兵驻守该岛。西班牙士兵将其遣送回了摩洛哥。

解决方法很简单：恢复到争岛前的状况，恢复到400年来一直的状态。但这事听起来简单做起来难。

在接下来的48小时里，为了解决这个问题，我无数次致电安娜·帕拉西奥和摩洛哥外交大臣穆罕默德·本·伊萨，他是一名杰出的外交家，我们认识很多年了。在沟通中我们出现了各种分歧和争议，不过最后都成功解决了。最后，在星期六上午，我们终于达成了共识（当时我是在家里和他们电话沟通的）：西班牙士兵须于美国东部时间11：30前撤离佩岛。可就在几小时之后，正当我向这两位外交大臣表示祝贺时，他们突然要求必须拟一份书面协议。

"那你们就写一份吧。"我提议说。

他们不同意，要求必须由我来起草。

"我起草？那谁来签字呢？"

"这个简单，我们希望您能签字。"

他们希望我来起草这份对两个国家有国际约束力的书面协议并签字，没搞错吧？当然，这是件好事，可是我在家，当时我的律师也不在。

于是我打开家里的电脑，大约10分钟后我草拟了一份一页纸的协议。随即我传真给了他们，可是他们又争论了起来。争论最多的话题是关于岛的名字。摩洛哥方面反对西班牙的叫法，而西班牙方面也不接受摩洛哥人偏爱的名字"佩岛"。

于是我把电话打到了国务院办公厅："请查出那块光溜溜的礁石的经纬度，并且一定要精确到几分几秒。"

对于这样的提议他们无可争辩，两国外交部长都同意在文件中不提及该岛的名字。

西班牙将此协议提交给首相何塞·玛利亚·阿斯纳尔，并且向国王胡安·卡洛斯做了简要汇报。他们最终都默认了这个解决办法。

但摩洛哥方面出了问题。据外交部长本·伊萨称，国王穆罕默德六世当时远在沙漠中，无法联系上他。摩洛哥方面只有国王看过，此协议才能获批通过。

岛上天马上要黑了，距离西班牙士兵安全撤离只有30分钟了。如果他们不能及时撤离，协议就会失效。

"时间是关键啊，"我对本·伊萨说，"我还有其他的一些事情要做（比如说在游泳池陪我的孙子杰弗里和布莱恩玩儿，他们就快到了）。我不知道您打算怎么处理，但是10分钟内我必须和国王谈话。"我和国王相识数年之久并且和其已故的父亲相交甚密。我应该说得动他。

5分钟后电话响了，是摩洛哥国王的来电。我向他解释了协议的重要性并且声明现在急需他的批准。

"我未亲自阅读原稿之前我不会批准，"他对我说，"我连复印本都没有。"

"可是时间不允许。"我礼貌地回答说，"尊敬的国王，"我继续说道，"美国和摩洛哥200多年来都保持着友好关系。我们从未做过有损摩洛哥国家利益的事情，我们亦不能做有损另一个友好国家及同盟国利益的事。先生，请相信我们。"

他稍停顿了一会儿，然后宣布："国务卿先生，我批准了。我们信任美国。"

　　我对他表示了感谢。挂了电话，我打印好了那份协议并签了名，然后传真到马德里和拉巴特①。不久，西班牙士兵就从岛上撤离了，摩洛哥人也没再登岛。几星期后安娜前往拉巴特与本·伊萨碰头，一起用餐，自那之后一切都好了，至少佩岛赢得了尊重。

　　在世界舞台上，美国是一个不可或缺的国家。尽管美国自己也存在问题，也犯过错，也出过问题，但是世界各国仍然期待美国能出面帮助解决困难和危机，事无巨细，亦不管我们之间是否有利害冲突。我们赢得的是信任，是信任让我们去抵抗侵略，解除痛苦，激励人们寻求自由；信任让我们为友谊与朋友并肩作战；信任使我们向其他国家那些渴望自由、身心疲惫和贫穷的人张开欢迎的臂膀。这就是我们美国人民，以前我们是这样，现在我们也是，以后将一如既往做到这一点。

　　这件事结束之后，西班牙首相阿斯纳尔致电我表示感谢："我正考虑下星期带着我的家人去佩岛度假呢。"

　　我开玩笑地提醒他别忘了美国海军还在西地中海区域巡逻呢。然后我们会心地大笑起来。但到了星期一，我发现我的律师都不怎么开心（唉，谁叫我让他们周末都得不到休息呢）。

　　此后，安娜和我成了最好的朋友。

5. 比萨和牛奶

　　交换生项目是件美妙的事情。哪怕送美国学生出国待上几天，他们都能开阔视野、获得新体验，感悟一个不同于美国的世界，然后更好地理解美国公民的内涵。

----

① 拉巴特：摩洛哥首都。

　　该项目在我们看来也是至关重要的。

　　将来自世界各地的年轻人带到美国，让他们体验真正的美国，了解伟大的美国人民，他们将看到一个荧屏之外的美国。

　　我初任国务卿之时，英国外交部长是已故的罗宾·库克。1997年我创办了"美国承诺"这一项目，旨在帮助有需要的年轻人获得指导、教育和安全的住所。

　　罗宾受该项目的启发，建议两国之间可以交换高中生。我将送两名美国学生去英国外交和联邦事务部，他也会派两名英国学生来我的办事处。项目很成功，孩子们看到我们庞大、复杂、陌生的组织时表现出来的疑惑不解让我感到有趣。更为有趣的是在孩子们临走的前一天，我把他们叫到我的办公室，让他们给远在英国的妈妈打电话，在他们和父母喋喋不休地聊了一会儿之后，我也拿起电话与孩子的父母们交谈了一番，所有人都很开心。

　　该项目一直持续到罗宾的继任者杰克·斯特劳在任之时。那时我又有了一个改进该项目的主意："让我们打破常规，不再选择那些表现优异、成绩出众的学生。"我告诉他，"要不你派两个考不上牛津或剑桥的学生过来？"

　　他答应了，也这么做了！他派了两个考不上大学的"问题"少年过来。他们触犯过法律，因吸毒而遭到过逮捕。他们的衣服不是萨维尔街的顶级西服，而是平民的普通装束。

　　他们在美国的两星期时间里，会见过政要，参观过纪念碑，还和我待过一天。我带他们参加国家会议，甚至出席国会听证会。他们亲眼看到了国务卿是怎样工作的。那天下午我带他们去白宫，在白宫周围漫步，那片18英亩的土地常人是难以踏足的。走到玫瑰花园的时候，我建议我们进去看总统在不在办公室。如果总统出去了，我们就参观一下办公室。他们深感惊讶。事实上，我事先已经给总统打过电话，告诉他我要带两位"问题”少年进白宫，我知道总统此刻就在办公室。

我们走过接待处，径直走向办公室，布什总统在里面等着我们。男孩们满脸惊愕，大家彼此寒暄，打破沉默。接着布什总统简略、大方地提到他自己也曾经嗜酒成瘾，后来努力克服了，开始新的生活，直到入主白宫。那一刻我终生难忘。我们离开白宫，回到我的办公室，两位年轻人一路上沉默不语。他们的生活从此焕然一新。回到英国，他们不时向人说起这段非凡的经历以及他们遇到的那些奇特、善良和慷慨的人。

国务院还有一些青年交换项目。其中一项名为“青年大使”，最先是与巴西合作，接着阿根廷、智利、巴拉圭、乌拉圭，以及南美洲的各个国家都加入了进来。他们的高中生来美国待上几星期，会见重要的人物，参观景点，然后带着对美国的回忆回家。

2002年冬天，我在办公室接待了一群巴西“青年大使”项目的来访学生。我们交谈得很愉悦，但是我能感觉到他们的紧张。外面开始下雪……他们生平第一次见到下雪。进入外面的雪地显然比待在我这儿更让他们兴奋，所以我赶紧放他们走了。

大约6个月以后，我去了趟巴西。因为好奇于“青年大使”项目对孩子们产生的影响，我让大使约翰·丹尼洛维奇——一个大好人——把孩子们召集起来，我好和他们谈谈。

约翰找到他们后，我们就在他办公室的后院会面。孩子们围成半圆形面对我们坐着，讲述着他们的生活和未来的计划。因为他们都是经过层层选拔的佼佼者，所以他们对未来的成功充满了期待，比如有的人想自己开公司，有的想当国家总统。

我问他们是否喜欢美国。我特别想知道美国之行有没有让他们惊奇或者特别开心以及伤心的事情。

他们脸上流露出了疑惑的表情，但并没有持续多久，毕竟他们都才十几岁。

一个少年举手了。"一天我们在学校吃午饭,"他说,"我感到惊讶,特别惊讶,美国学生嘲笑我把番茄酱抹在比萨饼上。"

"大多数美国人认为比萨饼上已经放了足够多的番茄酱。"我温和地解释着,强忍住笑。

另一位少年紧接着说:"我不敢相信,"表情中带着几分滑稽的厌恶,"他们居然把牛奶和比萨饼一起端上来。"

我再一次强忍住,没让自己笑出声来。在美国,随时随地都可以喝牛奶,从来没有人觉得有什么场合不应该饮用乳制品。

后来,一个女孩怯生生地举起了手。"让我告诉您在芝加哥发生的事情吧。"她说。

"恐怕不妙。"我心想。

"一天,参观完之后,我们去了附近一家餐馆,"她解释说,"我记得是澳拜客牛排馆。我们吃完,账单来了,我们掏出钱来才发现钱不够。我们不习惯带美元现金,没法结账了。"

十几个没有父母陪同、说着葡萄牙语的孩子就杵在芝加哥的连锁餐馆,想象着外国人没钱付账的恐怖后果。服务员过来的时候,孩子们只能如实相告。她看着他们,点点头,走了。他们不知道即将发生什么。

几分钟后,她回来了。"不要担心账单。"她微笑地告诉他们。

"您会帮我们补上剩下的钱吗?"他们焦急地问。

"哦,不,"她说,脸上的笑容更加灿烂,"当我告诉经理你们的情况后,他帮你们全部埋单了,他还让我给你们传话:'我很高兴你们来我们餐馆,希望你们吃得开心。很高兴你们来到我们的城市,也希望你们在美国玩儿得开心。'"

他们惊呆了,从未想过美国人如此友好善良。

女孩讲完故事,别的孩子也沉默了。这次经历对所有人都产生了很大的影响。我们带他们会见国会议员、内阁部长和其他高官,但是芝加哥餐馆的那名经理却给他们留下了最为深刻的印象，成了他们对美国最为持久的记忆。

另一位女孩举起了手。"我们登机离开芝加哥的时候，"她说，"我坐下来后，一个女士在我旁边坐了下来，然后对我说'抱歉'。我不明白她为什么要道歉，就问她：'为什么？''哦，'她说，'我坐下来的时候碰到你了。希望我没打扰到你。'"

"我永远都忘不了。"她总结说。

一个在饮料车穿过走道时大多数人都会遗忘的礼貌举动却给年轻的巴西女孩留下了不可磨灭的印象。很难说出其中的缘由。或许她从没遇到过如此明显的友善之举，又或许她在巴西并不习惯这样的礼貌行为。但无论哪种原因，那一刻留在了她的心里。

他们回国后，"青年大使"们出现在巴西的媒体上，传达了美国对巴西人民，尤其是巴西青年人的良好祝愿。现在巴西各地都有"青年大使"。

他们当中至今为止没有人成为企业大腕或是国家总统。但是有几个确实已经崭露头角，比如说卡西欧。

当卡西欧回到小镇时，他决定分享自己的经历。"我意识到我成功的秘诀是掌握了英语。"他告诉约翰·丹尼洛维奇。于是他创办了自己的语言学校，称为"百客派克"。"品牌很重要，"卡西欧说，"你必须想出一个大家能够记住的名字。"他在自己的网站上推广学校，然后去找镇长。"我要创办一个帮助本镇年轻人的学校，"他告诉镇长，"你应该为他们提供书本。"镇长给了他书本。

当卡西欧把这个想法告诉丹尼洛维奇大使时，大使意识到美国使馆也能为卡西欧提供帮助，于是也给了他一些书。

之后，考入巴西利亚大学的"青年大使"参与了卡西欧的语言培训项目，帮助经济困难的学生准备严格的入门考试。他们一学期收费4美元。

"你不能免费让他们学习，"卡西欧解释说，"如果免费的话，他们不会珍惜。"卡西欧将会拥有光辉的营销前途。

"青年大使"项目的成功是美国国务院的成功（它赢得了很多美誉），但是意义还远不止于此。它是美国人民的成功。我们自己的人民就是最好的大使和推动者。

你无从知道孩子们真正看到了什么（更难以去控制），但是他们一直在观察，一直在判断。如果我们能给他们提供足够丰富的经历，他们将会带着美好的东西回去，从而让自己和别人的生活更美好。

6. 戴安娜王妃的堂兄

我父母曾经是骄傲的英籍人士，尽管他们现在已经成了美国公民，也打心底里爱着这个国家，但他们始终没有忘记自己是牙买加移民，也不会忘记曾经的英国人身份。我出生于纽约，但我继承了父母的乡情，认为自己不仅是牙买加人，还多少算是英国人。

父母给我起了个正宗的英国名字：科林，英国人或牙买加人发音为"加林"。二战初期，当时我还小，美国一名B-17轰炸机飞行员科林·凯利上尉英勇并成功地袭击了一艘日本军舰，他的飞机也被日军严重毁坏，但他一直坚持操控飞机，直到机上6个同伴安全跳伞。之后飞机爆炸，科林上尉英勇牺牲。他是二战中最早的美国英雄之一。从此，我的朋友就用这种爱尔兰方言称呼我为"科林"，也没有人在意这件事。直到我成为国家安全顾问，媒体注意到我的名字，想知道这个名字的正确发音。我告诉他们是"科—林"，这让我的家人很沮丧。

英属西印度群岛一向以其固有的传统和与英联邦的关系而感到自豪，他们互相之间也常开玩笑。我的牙买加家族的人就常在谈笑间提到二战初期小巴巴多斯对乔治六世说的话："坚持住，英国，巴巴多斯支持你。"

很多年以后我才归根于英国。第一次海湾战争，英国也是重要的参与者之一，战争结束后，英国政府授予我"二等高级巴思勋爵"称号。但由于我不是真正的英国人，只是一个脱离了英国统治的殖民地人民的后裔，这个称号也只是一种荣誉，授予的方式也并不隆重。

1993年12月15日，我和夫人阿尔玛去白金汉宫参加由伊丽莎白二世主持的授予仪式，侍从把我们迎进王宫，并告诉我们女王正在办公室准备发表讲话，她或许没时间与我们谈话。她一个人待在里面，甚至连一个摄影师都没有。

到了约好的时间，我们来到了女王精致高雅的办公室，女王拿起身边桌子上存放勋章的皮制盒子，走向我们，说："鲍威尔将军和夫人阁下，非常高兴再次见到你们。"她一边把盒子递给我，一边说："我非常高兴授予您这个称号。"虽然没有盛大的典礼，没有荣誉骑士的佩剑，没有标志贵族身份的貂皮长袍，也没有摄影师，但我们和女王愉快地畅聊了约15分钟。此后，每次我与夫人聊及与女王的谈话都感到很愉悦。

离开白金汉宫后，我们照相留念，然后坐上了由外交和联邦办公室为我们准备的劳斯莱斯豪华轿车，帅气的司机问我们："鲍威尔夫人，您想去哪儿呢？"

"帅小伙，我去哈洛德百货公司①。"阿尔玛优雅如王室成员般微笑着答到。她以前可从没这样过。

以后几年间，女王给予了我们更多机会，让我们得以拜见更多王室成员。他们都给我们留下了深刻的印象，但令人印象最深刻的还是戴安娜

---

① 哈洛德百货：英国最负盛名的百货公司，贩售奢华的商品，位于伦敦的骑士桥（Knightsbridge）上，在西敏和肯辛顿之间。

王妃。

　　记得第一次见到她是1994年10月，在英国驻华盛顿大使馆为她举办的午宴上。她本人跟照片上一样可爱，我们相谈甚欢。可能英国大使已经跟她说明了军事上的保密制度，告诉她可以敞开与我交谈，无须戒备。谈话时她真的无拘无束，从此我们一直都彼此信任。

　　那段时间，伦敦一家日报写了一篇文章，暗示我和戴安娜王妃有着相同的血统，这种血统可以追溯到16世纪初的库特公爵那里。尽管一看就是一种牵强附会的说法，但我还是在第一时间里收藏了这篇报导。

　　1995年，我们在纽约举行的脑瘫研究慈善晚宴活动上又见面了。这个宴会聚集了众多社会名流，我与戴安娜王妃都受到了邀请。芭芭拉·沃尔特向大家介绍并颂扬了我，亨利·基辛格[1]博士同样向大家介绍并颂扬了戴安娜王妃在慈善事业上的贡献，这让在场的每一个人都嫉妒不已，因为不用说大家都知道，在那种场合我原本只是个小配角，而亨利·基辛格才是大角色。当时我与戴安娜王妃在迎宾队列中站在一起，我突然感觉她每天要忍受这种令人窒息的公众生活是多么的不容易。后来有个家伙挤到我们两人中间，拥着戴安娜用相机自拍，当时我恨不得把他扇出去。

　　晚宴后是嘉宾致辞时间。第一个致辞嘉宾就是我，我想拖延亨利的时间（开玩笑的），他可是一个备受爱戴的老前辈。芭芭拉做了讲话，然后我走上台，感谢了赞助商并颂扬了慈善机构。讲话快结束时我说，能与王妃殿下分享这份荣誉令我受宠若惊，"我和她还是扯得上关系的哦。"话

---

　　[1]　亨利·基辛格：犹太人后裔，1923年5月生于德国，后移居美国。曾任美国尼克松政府国家安全事务助理、国务卿，福特政府国务卿，也是著名的外交家、国际问题专家。1971年7月，基辛格秘密访华，为中美建立外交奠定了良好基础。1973年1月，基辛格在巴黎完成了结束越南战争的谈判，并因此获得诺贝尔和平奖。著有《核武器与对外政策》（1957年）、《复兴的世界》（1957年）、《白宫岁月》（1979年）、《动乱年代》（1982年）、《论中国》（2011年）等。

说出去，房间里一片寂静，静得连心跳声都听得见，然后人们纷纷倒抽一口气，生生地把惊疑给咽了下去。阿尔玛狠狠地瞪了我一眼。

我下台来坐下，亨利走上了讲台，他的步履已略显艰难。但他毕竟是这种场合的老手了，他镇定自若地为戴安娜王妃做了一番精彩至极的推介讲话。

轮到戴安娜王妃了，她一开口就说："基辛格博士、女士们、先生们，还有堂兄科林，大家晚上好。"我赢定你了，亨利！我的风头盖过了基辛格！

但令人振奋的事情一件接着一件。她刚讲了几分钟，就又有人起来对她发难了，观众中一个女士大声喊着："你为什么不在家陪孩子呢？"在场的每个人都惊呆了，但戴安娜王妃毫不犹豫地回答："他们过得都很好，非常感谢您的关心。"她的回答赢得了阵阵掌声。我倒希望那位不知名的女前辈能像戴安娜王妃尽心尽力教育威廉与哈利王子那样照顾自己的孩子。

在一年后的又一次隆重的慈善晚宴上，我和戴安娜王妃成了真正的朋友。那次活动是在华盛顿举行的，主题是关爱乳腺癌患者。那年年初，戴安娜王妃去芝加哥参加了另外一场晚宴。晚宴开始之前，一个疯狂的追随者把很多鲜花送到了王妃的酒店套房；舞会开始以后，这个人居然混了进去，还和戴安娜王妃共舞了一曲。苏格兰场①当然不希望再发生这样的事情，于是安排我作为当晚在华盛顿与戴安娜王妃跳舞的第一个人，然后就是奥斯卡·德拉伦塔②，再就是一些时尚界的知名人士。其实，这并不是个美差，但这事总得有人来做。

---

① 苏格兰场：是英国首都伦敦警察厅的代称。负责地区包括整个大伦敦地区（伦敦市除外）的治安及维持交通，也负担着重大的国家任务，像配合指挥反恐事务、保卫皇室成员及英国政府高官等。
② 奥斯卡·德拉伦塔：高级女装品牌"奥斯卡·德拉伦塔"的创始人。

那天早些时候，在英国大使馆举办的午宴开始之前，我与戴安娜王妃坐在一起，我们聊了很多，其中就聊到了那天晚上的舞会。午宴过后她建议我们最好先练习练习。我也觉得应该如此，于是我们在大使馆餐厅旁边的房间一起练习跳舞，不过没有音乐。当我问她晚上跳舞喜欢什么样的音乐时，她说她都无所谓。不过她还是给了我一个提示，说她准备穿的是件露背裙，看来我得想好我的手该放哪儿比较合适。我想我应该没问题，后来我还跑出去买了双新鞋。那天晚上真是令人难忘，在场所有人嫉妒的目光宛如利剑般向我射来。

此后的每年我们都互赠圣诞卡片，偶尔也有书信往来，直到传来她在巴黎去世的消息。

作为平民王妃，她的身世和地位是导致她死亡的直接原因。狗仔队、小道消息、发达的网络、复杂的社会关系网、手机拍照等等，一切细节都使得公众人物变得脆弱不堪。媒体的骚扰并非一次两次偶尔为之，而是时时刻刻不断发生。人们对名人的八卦新闻趋之若鹜且贪得无厌。你越是愤怒，越是不愿与人往来，越是孤芳自赏，那好，人们越是要将你曝光。曝光隐私也就算了，我们也就认了。可是流言蜚语传得比光速还快，整个世界都充斥着毁谤，而且成千上万地沉积起来，让真相百口莫辩。想说明真相吗？谁管它呀。那厢又有新的八卦吸引了骚动不安的人群。

参加一个300人的接待会意味着把自己暴露在300个闪光灯前，很快照片与录像立即传遍世界各个角落，一并附上图文并茂的新闻导读。这真是太疯狂了。我曾经就被那些拿着相机找寻金镜头的蠢货跟到了机场的卫生间。现在我使用一间单独的卫生间。

戴安娜王妃备受爱戴，她用她的声望与地位从事了许多高尚的事业。但是她的名声一直是她承受的苦难。

对公众人物来说，生活的挑战就是让自己保持平衡。大多数人都是善意亲切的，他们愿意与你为友。和善地对待那些同样和善的人，不要去理会那些害人精、奉迎者与寄生虫。永远记住名声是公众给予的；要将这种名声带来的影响力用于有价值的目标上，而不要自我膨胀。换句话说，走正途，不要因地位、权力而迷失心志。无论好坏，都不要相信听到或者读到的那些关于自己的东西。不要让公众生活占据你全部的时间，要经常放松自己。

7. 我的演讲生涯

我在大半生中都是一名职业演说家。自从我第一天当上军官，第一次面对我的士兵，我就得对他们训话，教导他们。一段时间之后，我学会了如何跟他们打成一片，如何让话题变得有趣，如何让他们相信我所教的东西其实很对他们的胃口。由于他们很容易变得困乏、感觉无聊，所以作为演讲者你有必要掌握一些吸引他们注意力的技巧。你必须得准备一大堆的笑话，在那些粗鲁的男兵堆里，笑话越低俗越好。

1966年我被派到本宁堡步兵学院当教官。在走进教室面对200名士官生前，你还得完成长达数星期的教师培训课程。课程内容包括如何充分准备材料；学会如何保持眼神交流，如何抑制咳嗽；保证不口吃，不把手插在口袋里，不抠鼻子，或者不挠痒痒。你还要学会在讲台上挺胸抬头，学会使用教鞭、幻灯片和手势，还要学会让你的声音抑扬顿挫，好让学员们保持清醒的状态。

我以优异的成绩从军校毕业，做了教官后能力得到了尽情的发挥。但即使在我通过了所有艰苦的教官培训课程之后，学院也没有对我放任不管。步兵学院大楼的各个大教室后面都有可以从外面看到里面的玻璃窗，你的"老板"随时可以从那里观察你的授课表现，而你自己却浑然不知。在步兵学院教书是件辛苦的差事。

　　我教过的最费力的课程是如何填写部队的战备报告，要求通过训练、设备、武器和给养等状况来评价部队的备战状态。报告本身就是个无聊的玩意儿，更糟糕的是，我还得教那些预备役军官来填写这种报告。那时他们已经快要完成他们的军官培训课程，然后会被派去带兵打战，大多数人将会被派往越南。他们来上我的课的时候，刚刚从野外完成毕业训练回来，他们在佐治亚的松树林里3天3夜没有合眼，领教了那里的酷热或严寒。我这堂课是他们的最后一堂课，时间定在下午4点。他们从野外训练回来洗了个热水澡，冲去了身上的泥土，才吃了有意大利面和肉丸的午饭，接着就到了有空调的教室，由我来给他们上这50分钟的课。课程的内容主要是教他们学会填写战备报告表，但他们心里清楚，今后几年都不会再看到这种表了，或许永远都不会再看到了。

　　课程一开始的几分钟进行得还算顺利，但接下来他们的注意力便迅速下降。他们试图保持清醒，甚至通过互相捶打来赶走瞌睡。他们的战术教官会在走道里徘徊，狠狠地瞪着他们，指着他们。15分钟之后，你会听到头磕在桌子上的声音，这时就该来个笑话了。到了20分钟的时候，我警告他们，如果不知道怎么填写战备报告，就有可能在越南被杀害。当他们质疑我是否疯了的时候，又过去了5分钟。

　　到了30分钟的时候，我会要求那些完全睡着的人站起来并斜靠在旁边的墙壁上。40分钟的时候，几乎所有的人都倒下了。我还剩下最后一个锦囊妙计，我会提一个问题，然后问有谁想回答，就在他们都想躲的时候，我从讲台下拿出一个栩栩如生、光秃秃的橡胶鸡，在我头顶晃上几圈之后扔向班上的同学。200双眼睛会齐刷刷地看着那只鸡抛出去的弧线，那只鸡砸到谁，谁就要回答问题，教室里顿时就热闹起来了。

　　这也给了我时间做总结，同时恭喜他们第二天将被授予勋章，并希望他们在海外能一切安好。令人难过的是，他们中太多的人没有活着回来。不过今天，我偶然还会碰到一些家伙对我说："喂，将军，我永远都不会忘记那只该死的鸡。"

　　在本宁堡，我还和后来成了海军陆战队司令的海军中校 P. X. 凯利一起教过两栖作战课程。凯利是学校里公认的最优秀的老师，而且他也教会了我很多。做教官以来的45年里，我总是跟海军陆战队开玩笑说，凯利关于两栖作战的所有知识都是我教会的。

　　我在学校里学到的东西和在本宁堡做教官积累的经验一直留在我的脑海里，这些年来我取得的所有成就都有赖于这些东西和经验做基础。作为公众人物，我曾与许多总统和国王交谈过，我也曾对着大批的听众和少数几位密友侃侃而谈，我还曾两次在共和党提名大会上讲话，其间还有很多次在国会听证会上发言。

　　1993年，我告别了政府公职，成了一名职业演说家，开始了在国内外奔忙演讲的生涯。除了在担任国务卿的4年里，公开演讲成了我主要的商业活动和经济来源。在填写纳税申报表时，我在职业那栏填的是"演说家"，如果填得下的话，我就会写上"作家或演说家"。

　　虽然我可以选择很多其他的从业方式，但我最终选择了演讲事业，而不愿坐在公司的董事会里，或者是在学术界或商界谋一份全职工作。因为这样，我可以自行决定要做多少场演讲，我还能灵活安排时间，从事一些不怎么耗费时间的商业活动，或者投入到一些非盈利的事业中，又或者干脆坐在那里，什么事都不做。对我这个年龄的人来说，最不想干的工作就是那种朝九晚五在同一个地方办公的活儿。不管那份工作有多刺激或职位有多重要，它都不再适合我。

　　除了可以灵活安排时间，我选择演讲还有其他的原因。对于我这样的初学者来说，演讲是件有趣的事情；但更重要的是，它开启了我新的体验和新的学习之路，让我可以投身于从未想象过的世界。我的听众都来自企业、行业协会、大学和大型公益活动的工作人员。面对着各不相同的听众，演讲者需要对他们进行认真的研究。他们是谁？他们的职业是什么？

他们的目的又是什么？他们从我这儿需要得到什么？我的演讲必须以他们为中心。我不停地阅读年度报告，研究不同的机构特征，最后总能了解他们的工作性质。我让我的客户知道我能做到他们所期待的那样。

演说家一定要记住，他肩负的责任远不止一项。首先，他有责任向听众讲述他们需要听到的内容。有时，演说家讲的内容会跟听众的期待一致；有时也会出乎他们的预期，让他们感到震惊。其次，如果演说家是代表某个机构或单位站在讲台上，他就得对该机构或单位负起责任，而不应该只顾着自己在那里滔滔不绝。我做国务卿的时候，我讲话往往代表的是美国政府，因此在国务院时，我大部分的演讲稿首先都要写好初稿，然后反复修改，还要获得批准，这样的演讲稿才能得到认可。但是，我偶尔也会做即兴演讲。最后，演说家对自己也要负起责任，他必须对自己嘴里说出去的话负责，他永远都得注意不能说出连自己都无法容忍的话。1996年和2000年我两次在共和党全国代表大会上讲话，演讲稿都是我自己写的。共和党全国委员会中没有人告诉我应该说些什么。当然，我曾和一名共和党代表商讨过，演讲稿是我们一起认真修改的结果；而且我在演讲之前，还把演讲稿上交共和党全国委员会批阅，他们看了之后，没有人提出任何问题。这两次代表大会上的演讲稿里的措辞都是我自己想出来的，和任何人无关。

我很少使用文本，但是我头脑里有很多种演说模式。我可以为每一位观众准备他所喜爱的版本，如有需要的话，还可以做一些修改。我可以将我的演讲调整到观众喜爱的模样。

随着时代的变化，演讲模式也会发生改变。我会删减或增加一些内容来使这些模式与时俱进；而新观众或新的需求也会要求改变演讲的模式，努力创新。

演讲都要遵循下述基本模式。首先，我会介绍我自己，谈谈我的经历。以前演讲时，我喜欢说笑话。现在我不会那样做了，现在我总是讲述自己或家人的故事，阿尔玛经常是中心人物。我的听众并不希望听到一名四星上将随口讲述些别人的故事，他们喜欢我的这些故事。这些故事也让听众心里头暖暖的，它们展现了我很人性的一面，留给大家的不再是一个很官方的国务卿的形象。我将我的心门敞开，让他们在我真实的内心世界里待一会儿。

在我的演讲里，总会有一部分提到领导艺术。我一次又一次地引述在本宁堡的人生经历，我会谈到使命、目标感以及领导与下属的关系问题。我会谈到应该关心自己的队伍，向他们传递无私的激情以及机构或单位的宏大目标。我还看重基本的荣誉和诚实的品格。部队或者员工只会为那些有人格魅力、正直勇敢的领导者冲锋陷阵。

接下来我会拓展演讲的内容，去谈论这个世界将如何发展以及哪些力量正改变着人类的未来。然后我会谈及一些听众感兴趣的事情。虽然我的结尾时常会有变化，但最终的基调都是积极的。我想让我的听众保持乐观的态度，时时受到鼓舞。

我可以讲述和我演讲有关的数百件奇闻趣事。以下是一些让我最难忘的也让我受益最多的事情。

2007年的一个晚上，我飞往波多黎各，随后开车到位于该岛最东部的康奎斯塔多宾馆。我的客户是美国百来福热水器公司，我将给几百名公司销售人员做演讲。该公司以前是澳大利亚控股公司，但是1992年员工们从国外的母公司买下了该公司的股权和它在密歇根的工厂，然后开始自主经营。他们为能生产出完全属于美国的产品而感到自豪，上乘的质量意味着他们能成功地与任何一家公司竞争。

该公司由鲍勃·卡纳威尔管理经营，他和我一样喜欢到处跑。我们也成了很好的朋友。就在上台之前，我还在问他为什么要把我大老远拉到那里做这次演讲，难道是为了给听众一个惊喜？

"我并不希望我的员工兴致勃勃地跑来，仅仅是为了见你、听你讲话，"他回答说，"我让他们来这里是要教会他们如何卖出更多的热水器。你就好像正餐前的开胃菜。"

我立刻就明白了他的成功之道。

我的许多客户都会根据他们的需求向我提出演讲的具体要求。在我给这些企业所做的那么多次演讲中，有一家公司——安光汽车玻璃有限公司（一家主要业务是修理汽车风挡玻璃的公司）提出的要求最为具体。该公司主席和首席执行官汤姆·菲尼希望我能告诉他们的经销商如何充分调动员工的积极性、加强与客户的联系，从而拓展市场。他们一连好几个星期给我发来注意事项、备忘录和幻灯片，加起来足有一寸厚，全都是在他们的"激情领导艺术动员会"上我该如何就领导策略展开演讲的具体要求。我真希望每一家美国公司都能担起他们在人力资源开发方面的责任。

直到2007年，我才对房地产市场的起起伏伏有所了解。当时有人请我去国际家用器皿协会做演讲，该协会的成员企业主要生产刀叉、盘子、玻璃杯、水壶和其他家用器皿。他们解释说，他们的销售量是房地产市场的晴雨表。如果刀叉和玻璃杯的销售量下降，那么新建的房子也会越来越少（离婚人群和单身人群的数量对市场也稍有影响）。家用器皿生产商在住房与城市发展委员会、房利美（美国联邦国民抵押贷款协会）和房地美（美国联邦住房抵押贷款公司）公布统计数据之前，就能预测房地产的发展趋势。

我永远不会忘记2007年在拉斯韦加斯召开的21世纪房地产会议。会议声势浩大，后台有6个口译席位，口译人员比我在联合国看到的还要多。

靠着这些口译人员我们才能与来自全世界的代理商沟通、交流。我注意到有一个中文的席位，便很傻地问主持人那是为谁设的，是来自中国大陆还是台湾的房地产代理商？他说两边都有，但主要还是来自中国大陆的代理商，涉及1500个售楼处和几百万套房产的交易。他又补充说：

"顺便说一下，我们鼓励代理商回去穿上我们著名的金夹克，以此来推动我们文化的发展。金夹克的形象是标志性的，并且让我们的团队更有凝聚力。"

现在诸如"21世纪""安利""雅诗兰黛"这些以顾客为导向的企业正努力向中国拓展业务，这些将改变中国。

让我最开心的演讲场所还数2011年在达拉斯举行的"美味汉堡连锁店家庭会议"。"美味汉堡"连锁店是一家中型、由私人经营的加盟式汉堡连锁店，大多数位于美国南方，现在由哈曼·多伯森家族的第二代负责经营管理。哈曼早在半个世纪前就开始经营连锁餐厅，当时他只有一家店，但他下定决心一定要做出最好的汉堡。有一天，一个顾客刚吃了一口，就大叫起来："这汉堡真美味！"从此就有了"美味汉堡"这个名称，如今这家连锁餐厅已经发展到拥有700多家连锁店了。

当我问公司现在的老板，也就是哈曼的3个孩子，为什么他们没有像同时期发展起来的汉堡连锁店那样拥有上千家连锁店时，他们说："我们使用的是最新鲜的原材料。如果我们开更多的连锁店，就无法保持质量。其他同行也没做错什么，只不过那不是我们的目标。"在这家公司，所有的员工都被看作家庭成员，而且他们都能享受作为家庭成员的待遇。

哈曼家族的第3代年轻管理者正等着接管家族企业，并维持他们父辈们的水准。

有时候在做演讲时，我会想到什么就说什么。1997年，在同迈克·里维特州长一起去盐湖城参加一场青年人的活动之前，我在拉斯韦加斯的美国卡车运输协会上做了演讲。在提问环节，我被问到我接下来想从事什么职业。多简单的问题！我随口回答说，我想成为一名卡车司机。一位名叫比尔·英格兰德的绅士跳起来，大叫道："今天我就让您做一回卡车司机。"原来 C. R. 英格兰德卡车公司是他们家开的，总部在犹他州的西峡谷。

随后我准备飞往盐湖城，州长和我一起到了机场。等待我的是一辆漂亮的红色大卡车，后面还挂着一辆长长的拖车。紧张的司机邀请我来驾驶这辆卡车。里维特州长立刻跳进车里，坐到司机后面的卧铺上，兴许他以为接下来就要发生他见过的最惨烈的车祸了……司机最终长出了一口气，因为我开着卡车在机场转了一个圈，没撞到任何东西，也没弄掉任何装置，安然无恙地回到了起点。

也许我接下来真的可以去当一名卡车司机了。

我爱我的国家。我去的每个地方都能给我新的活力。每一天、每一个听众都会给我带来新的体验和对美国新的希望。是的，我们遭遇过困难，而且困难重重，但我们总能克服。走遍整个美国，我看到人们辛勤劳作，精力充沛，创造着就业机会，我相信他们会成功，正如他们也相信美国会成功一样。他们都是善良的人，只要他们能一直努力下去，我就不用担心我们的未来。

8. 在路上

我有大量的时间花在旅途中，有时在国内，有时也会去国外。平均算来，一个星期里有两三天我都在路上，每年都会长途跋涉几万英里的路程。我时常一个人去旅行，阿尔玛很少与我同行。她听过我所有的演讲，对我每一次的旅程安排也了如指掌：无非是到达目的地、睡觉、演讲或者出席某个活动，然后就离开，途中没有安排任何观光、购物和娱乐的时间。我试图尽量缩短出门在外的时间，对我来说，这是一项非常艰苦的工作。尽管这样，我并不介意出行，因为这丰富了我的经历，让我体验了在华盛顿看不到、听不到的东西。

当然，旅行的大部分时间都花费在了主要活动之外的事情上面：在机场候机，在航班上飞行，待在火车上、汽车上和旅馆里。我十分享受坐在机场候机的时光，戴着一顶棒球帽，眼睛藏在大镜片的墨镜后面观察着美国。是的，我们中的很多人需要节食和更多的体育锻炼，他们的衣服尺码通常是加大号的。不过他们看起来都快乐而匆忙，我喜欢看年轻的母亲们随身携带的喂养孩子的一切物品，看她们逗弄自己的小宝宝，我喜欢看越来越多的老年人学会了使用智能手机和平板电脑。越来越多的乘轮椅的候机乘客显示出我们民族的老龄化。当然我并不总是那么坐着，我经常去美军劳军联合会的休息室里向志愿者们致谢，同时也和那些军人交谈。我常以欣赏和倾慕的眼光看着清洁工高效而安静地工作着，清空垃圾箱、擦地板、打扫公共卫生间。这些清洁工人大多是外地移民，他们让我想起了很久以前我在长岛百事可乐公司装瓶车间里擦地板的日子。

没有人喜欢安检，但我却不能抱怨，我曾经在成立交通安全管理局的行政部门工作过。我得和其他乘客一样站在安检线外等候。如果有人试图强行闯过这道线，全球联网系统马上确定他为非法闯入者。通常情况下我会尽最大努力使自己看起来彬彬有礼、风度翩翩，但有时候做到这一点真的很难。有一次我在里根国家机场接受安检，一个爆炸品检测仪在测我的双手时，警示灯亮了。于是2个爆炸品处理小组和3个检察官马上对我进行了一系列检查和测试，这几乎让我发了疯。这些检查和测试持续了30分钟才结束。其间我再三表明我是参谋长联席会议主席和国务卿，但这起不到丝毫作用。之后，他们推断检测仪的警示是我早上吃的血压药引起的。

短距离航行意味着乘客们有可能会挤在一架小小的巴西飞机或加拿大飞机里，那种感觉就像是在一个核磁共振成像机中飞行。机尾的标识可能表示这是一家大的航空公司，但它往往无法告诉我们谁才是小飞机的真正拥有者和航班负责人。不过，哪怕是你在这次颠簸的飞行之后需要一个脊椎按摩师来治疗，它总是能把你送到目的地。

我对空乘人员、登机服务人员、行李搬运工、机械师等等，对这些在种种压力之下仍能保证航班顺利起飞的工作人员除了表示赞扬，还是赞扬。

我经常乘坐阿西乐特快往返纽约。在美国，阿西乐的速度最接近高速列车，它快捷、舒适、安全。我一般乘坐商务车厢，但阿尔玛却经常去一等车厢坐，她喜欢一等座更加周到的服务和那里的三明治。我有很多朋友仍然选择乘坐班机，然而一旦西海岸出现了糟糕天气，机场往往会取消缅因州到基韦斯特的所有航班，这样行程就只得由老天爷帮你制订了。

为了追求舒适和高效，我在陆地旅行时，常常坚持要求坐专业司机开的房车或者就坐普通小轿车。这倒不是因为我架子大，而是因为我年纪大了，不能坐那种通常高中的小男生小女生坐的大巴。还有很多时候，客户为了多跟我聊聊，会从当地的经销商那里借一部崭新的车，一边开车一边跟我聊，但同时还要识别车内所有的开关和零部件，眼神四处漂移，注意力根本无法集中，实在让人担心。

我一点儿也不挑剔旅馆。从普通的假日酒店到豪华的丽思卡尔顿我都能接受。但是我拒绝那些提供烦琐服务的旅馆。我不需要服务人员不断打扰我，向我解释如何使用恒温器、如何降低床的高度，等等；我也不需要住大套间。我通常用假名登记。在写这本书时我用的名字是爱德华·菲尔森，当然，这个名字源自我最爱的一部电影《江湖浪子》。

我的需求非常简单：请给我备一台便宜的带有时钟的收音机，而不是印制着说明书的苹果播放机。我年纪大了，请把数字都弄成红色，做成3英寸高。给我你能找到的最便宜的收音机，并注明顾客可以随便带走。

请提供一个足够大的柜子用来挂一些物品，在放置一个安全的铁制熨衣板和远洋班轮套间用的可折叠的行李架之后，要确保它仍有一定空间。

噢，还有，请不要在我的房间中安装用把手控制的沐浴器，这些把手上没有任何说明来教你如何转动或是推拉它。我所需要的仅仅是一个沐浴头，而不是一个净化水喷水系统。还有，把"极可意"①放到蜜月套房里去吧。

我觉得，在浴室里没有安装电话或电视的必要。同样，房间里也不需要磅秤。我确实被豪华酒店里会发热的、有棉垫的日本马桶吓到过。这种装置复杂的控制面板似乎说明马桶还可以有其他用途，但我不敢去试，同时也觉得没有必要满足其他需求。

还有最重要的一点，请务必在洗发剂和护肤美发的瓶瓶罐罐上贴上标识和说明。用可辨认的字体让我们知道是涂在头上的洗发水而不是护手霜，这个要求不过分吧？

再有，请提供一个功能简单、易于操作的咖啡机，让我不用研磨咖啡豆。这一项要求不包括拉斯韦加斯的旅馆，那儿的房间里并不提供咖啡机，你需要下楼到咖啡店门前排号领咖啡。

请提供功能简单的电视机，我不打算用这台电视机上网或玩儿游戏。我不希望在按错了遥控器上的一个按钮之后不得不给客房部打电话请工作人员来解决问题。

请减少抱枕、软垫以及其他与枕头类似的床上用品，这些用品除了让女客们有如家的感受之外没有任何实际功能，男士不需要它们。

台灯开关应当设在灯座上，不要让我沿着线路在靠近地板处才找到开关，我也不想为了熄灭台灯而使双手蒙受在灯泡上烧烤的危险。

最后，我们生活在一个信息时代，请不要让我弯腰匍匐在桌子下面

---

① 极可意：水流按摩浴缸，即利用水在浴池中产生的漩涡进行按摩浴，是美国世界顶级按摩浴缸的品牌。

去寻找为移动电话、笔记本电脑、平板电脑以及其他电子设备充电的电源插座。

除此之外，我喜欢旅行。那些出门在外的日子里，我可以观察形形色色的美国人，这一点让我非常开心。我喜欢出现在巡回演讲的讲台上、学校里、男孩女孩俱乐部中、慈善晚会上，以及其他在我们国家举行的异彩纷呈的活动里，是这一切让我们一直前进着。

9. 人家给我送的礼

在部队里，得到晋升的人通常会获得很多奖章和证书来纪念在先前部队里的经历和荣誉，他们还会收藏很多张从上级和其他军官那里得到的、签过名的、装裱过的照片。这些东西士兵们一般挂在办公室里和家里的"荣誉墙"上，向人们展示自己的辉煌历程。过不了几年壁纸和装饰画就不再需要了，因为奖章和照片的数量已足够装饰墙壁用了。

在成为陆军上校之前，我有很多这一类的收藏，多到一面墙根本就挂不下。一位极具人格魅力的陆军准将经常出入我的办公室，他快退休了。由于他经常给我提些合理的建议，于是我问他退休后如何处理他所有的奖章。

"科林，我和我妻子在谢南多厄山上设计了一个漂亮的小木屋。我们打算在那里度过大部分时光，欣赏山水风光。在寒冷的冬夜，我们会坐在壁炉前的沙发上喝棕榈酒，至于那些奖章，一个一个地扔掉得了，孩子们用不着。"

于是，我也不再收集这些奖章了。现在它们大多陈列在华盛顿国防大学我的档案室里。在档案室里和我家里还有大量的玻璃、树脂、石头和黄铜艺术品。其中最有意义的是一块镶有我照片和献词的深色花岗岩石碑。

天哪，救救我吧，这座石碑看起来像极了宠物的墓碑，我敢肯定它的赠送者一定是请一位墓碑工匠制作的。

军队纪念币是另一种比较常见的礼品，上面常常雕刻着部队的徽章、口号以及指挥官的名字。每一个101空降师士兵都想得到一枚101空降师纪念币。不管何时何地，当你遇见一位101空降师士兵时，他都会同你交换这种礼品。但是如果你没有可交换的，那就只有请他喝一杯，并会感到十分尴尬。几十年来我一直把我的纪念币随身携带在后面的裤兜里，直到有一天屁股上那一小块出现了溃疡症状。

过去部队里很少发放纪念币，但在20世纪80年代以后这个传统突然被打破了。很多士兵有很多纪念币。所有部队的所有长官都有纪念币，他们不放过任何机会将纪念币分给遇见的每一个人。久而久之，它们的做工越来越精细，价格越来越昂贵，这样越来越多的低级军官和标新立异的部队也开始向其他人赠送纪念币。我在一个军需品官员那里得到过一些个人纪念币，甚至一位曾经是轿车司机的年轻中士也送过我纪念币。这一现象在地方上先出现，后来内阁官员和其他一些非部队官员也开始分发纪念币了。

当我的纪念币数量达到几百个的时候，我也开始把它们发给其他人。看起来这太像是一种追名逐利和滥用经费的行为，虽然纪念币不都由政府埋单，但大多数还是政府出资。话说回来，士兵们喜欢纪念币并希望得到纪念币，所以这个传统一直保留了下来。我做参谋长联席会议主席和国务卿的时候也发过纪念币，还把一小部分赠送给了在里德陆军医院疗养的士兵们，他们非常喜欢这种东西。

随着我慢慢登上政府的高级职位，我到世界各地出访也越发频繁，外国首脑们赠送给我的礼物也如潮水般涌来。他们自然而然地要求我回赠礼物。国会规定我们不能赠送超过300美元的礼物，同样，我们也不允许接受价值超过300美元的礼物，这一规定是由估价官和联邦总务署制定的。

所以我的礼宾办公室就在此限定范围内寻找合适的礼物送给外宾和其他来访者。

我的朋友俄罗斯外交部长伊格尔·伊万诺夫在他的一次来访中给我带来了一瓶伏特加，酒瓶是AK47突击步枪的形状。由于相关办公室有人认为该礼物的价格超过了300美元，结果我不能留下这瓶酒，更不能享用它。不要问我他们是怎么得出这个价格的，总之非常不幸，这瓶酒现在大概存放在政府的某个仓库里。

钟表、手表、袖扣和钢笔是我最喜欢收到的礼物。现在我有很多这类物件，我都很喜欢。

但是有时候我会收到画像。这么多年来，我收到了不少自己的肖像画，它们来自不同国家。

我们挑出其中比较好的一些陈列在我家中的健身房里。让我惊奇的是，画家们绘制我形象的技法往往会反映作品背后的文化信息。艺术家们不可避免地会把自己国家的文化加入到我的形象中来。比如，在著名日本画家给我画的肖像作品中，我看起来有点儿像山本五十六；画在埃及纸莎草纸上的那幅画像极了穆巴拉克①；而罗马尼亚画家把我画得有点儿像吸血僵尸德古拉伯爵。来自底特律全国有色人种协进会的艺术家则认为我还不够像黑人，于是加宽了我的鼻子，加厚了我的嘴唇；来自百慕大的两幅肖像都是蜡笔画，线条和色彩十分圆润柔和，唯一缺的是杰米·巴菲特弹奏《龙舌兰酒镇》②。我已经记不起来在鸟市完成的那幅画去哪儿了，每次员工们搬动它的时候，总会有些鸟食的痕迹落

---

① 穆巴拉克：埃及前总统。1981年10月，当选为埃及第4任总统，通过一系列改革，使埃及综合国力显著提升。

② 百慕大的蜡笔肖像很出名，加勒比海移民在美国的广场、酒吧做蜡笔肖像画的比较多，边儿上往往还有个江湖艺人弹奏《龙舌兰酒镇》。此处鲍威尔是用一种委婉和幽默的方式描述世界各地人民对他的喜爱。

在后面。

俄罗斯前总统戈尔巴乔夫曾经送给我一杆漂亮的猎枪。我想保存它，就付了政府1200美元，从美国人民那里买了回来。

苏联解体之后，我从前华沙条约国家领导人那里得到了许多枪支、刺刀、突击匕首、双筒望远镜等等。他们肯定是在往外抛甩库存，不花一分一毫还送了人礼物，但即便是那些死死盯住我的估价官也不能睁眼说瞎话硬说这些礼物价值超过300美元，所以我才得以保留住了它们。

我的法国同事多米尼克·德维尔潘从前经常送我法国红酒。他坚持说红酒是保持健康的万能药，叮嘱我不要饮用白酒。奇怪的是，每次在我想拿着酒瓶去估价之前，它们就都碎掉了。

意大利首相贝卢斯科尼总喜欢送美国人一些精致的领带，这些都是他最喜爱的裁缝和领带制造商制作的。糟糕的是，很多都沾了污渍，没能拿去估价。他曾经送过我一块高科技手表，这块表有双重功能，装有导航设备，可以为失事后的飞行员指引方向，你只需要把装在手表一侧的天线拉出来就行了。我把它上交了。

我的德国同行，绿党的领导人约施卡·菲舍尔感念我在驻德美军中的艰辛，知道我喜欢用翻盖瓶装的德国啤酒后，给我买了一箱德国优质啤酒。他第二次来的时候，我绞尽脑汁想到了一个能回送他的礼物，既然他喜欢在野外做饭，我就送给他一套烧烤工具。

哈萨克斯坦的总统纳扎尔巴耶夫是一个非常周到的主人，在首都阿斯塔纳的宫殿里举办过一次盛大的午宴。那次宴会上，伏特加酒的敬酒声此起彼伏，我成功地捍卫了我们民族的尊严，没有喝醉。之前有人提醒过我，如果这位总统喜欢某个客人，他会把手中的手表取下来送给这位客人，并期待这位客人取下自己的手表送给他作为回报。午宴过后，我们蹒跚地走进电梯下楼，在电梯里，他取下自己的手表，呈给了我。我也骄傲地取下了自己的手表，拥抱了他，然后把手表送给了他。他得到的是一块天美时①手表，可我得到的却不是。

阿拉伯的官员，尤其是来自海湾地区的官员，都是出奇地大方。他们的礼物通常远远高出300美元的限制。他们知道我们得把礼物上交，却依然送我们贵重的礼品。送礼代表着友谊和尊敬，这已经在他们的文化里根深蒂固了。出于对这种文化的尊重，我接受了这些礼物。我收集了许多阿拉伯匕首，有些非常朴素，我到现在还保留着，但我把那些镶有珠宝的匕首都上交了。

2004年的一个晚上，一位阿拉伯朋友无意中听阿尔玛说，她最爱的一辆车是我早先卖掉的那辆1995年的"美洲虎"。2005年我退休后不久，我房前出现了一辆与先前那辆完全一样的修复好的1995版"美洲虎"。当时我已经不是政府官员，法律上是允许留下这辆车的，我也保留了一段时间，又将它转送给了别人，马上《华盛顿邮报》就听到了风声，进行了捕风捉影、添油加醋的报道。

离开国务院后，依然会有外国政府官员送我礼物。就在我离任的前一星期，一个阿拉伯外宾差点儿把一块漂亮的地毯送给我。但我们的大使反应敏锐，建议他清洁一下这块地毯，等我离开国务院后再送给我。这位大使以后必定前途无量。

最后，在大约20年前，我还在担任参谋长联席会议主席的时候，在一次慈善晚宴上，我坐在阿诺德·施瓦辛格旁边，他问我："您是怎样保持身体健康的呢？"

"我平常坚持慢跑，"我告诉他，"但年纪越大，跑起来越吃力。"

几天过后，一辆"生命循环牌"运动型自行车出现在了我的屋子里。这辆车我用了很多年，直到用更新、更现代的车型替代。阿诺

---

① 天美时：是拥有百年历史的美国手表第一品牌，以专业的制表技术闻名全球，在美国为最畅销的运动休闲表品牌。

德·施瓦辛格送给我的那辆自行车现在还保存在我的地下室里。我活着的时候，这车是绝不会轻易送给别人或丢掉的，等我死后，就让孩子们决定它的命运吧。

写下交流礼物的过程是愉悦的，我们家里摆放着许多精美的礼物，它们都是那些年别人送给我的。有些礼物价格不菲，但大部分都不贵。这些礼物，让我们回忆起有幸拜访过的世界上的一些地区和认识过的一些人，让我感觉很温馨；也正因为收到过这些礼物，我们才有机会回赠外国友人礼品，来传递美国人的精神和传统。

10. 巅峰和谷底

经常有人问我，你事业的巅峰和谷底分别出现在哪里？你效力过的总统谁是最棒的，谁又是最差的？他们谁堪当你履行职责的楷模？哪一位是你最好的良师？你取得的最大的成就是什么？你遭遇的最惨痛的失败又是什么？

我不想回答这些问题。找出巅峰和最棒的就会贬低其他的，但其他的可能同样伟大，一点儿也不差；指认谷底或是最差的就是在制造新闻，死后都会让你不得安生。

但不回答有更深层次的理由。无论你所经历的最大的成功和最惨痛的失败对你的人生有多大影响，那些都还不足以造就现在的你。我们每个人的人生都是由我们个人的经历和与他人的交往交织而成的，套句数学上的说法，人生就是以个人经历和与他人的交往为坐标的函数。

出生在一个好的家庭里应该算得上是发生在我身上最好的事了，但那仅仅是个开始。我的父母很棒，还有我的教区牧师，我那成熟得体的姐姐，我的叔叔阿姨，我的老师，我的邻居和我的朋友，他们都很棒。但街上的那些混混儿对我有不良的影响，还有那些态度冷淡的教师，那些盯着我的黑肤色、觉得我应该受到低等待遇的人。

对我有深远影响的人不会出现在谷歌搜索引擎上，在人们甚至做梦都想不到会有个人电脑、因特网和搜索引擎这些玩意儿之前，那些人就已经深深影响了我。

我的第一位老板是一位经营玩具店的俄裔犹太移民。"把书读完，科林，"他告诉我，"你不能在我这里工作一辈子的。"

萨米·菲奥里诺家开的修鞋店正好在转角处。萨米教会我玩儿扑克，教我怎么和周边的警察打交道，以及千万不要和一个叫多克的人赌牌。

冉恩小姐是我的高中老师，也是唯一我能记得名字的老师。在她的威胁和恐吓下，我在她的班上以前所未有的刻苦态度来学习。她强行灌输给我的那些英语课是我收到的最好的礼物。

哈罗德·C. 布鲁克哈特上校是我在纽约市立学院的军事科学课教授，他是西点军校毕业生。当我最初努力培养自己的军人作风的时候，布鲁克哈特上校给予了我帮助。在我大四的时候，他把我送到西点军校待了3天，让我全面了解了军事制度和军人的标准，并且亲自接触了一下同龄人的军校生活。1958年，我即将踏上去本宁堡军事学院的旅程，他好心地提醒我不要以为在佐治亚人们会像在纽约一样对待一个黑人小子。

在德国，米勒上尉是我的第一任连长。一天我们出去进行军事演习，我发现我枪套里的点45口径手枪不见了。遗失武器是一个性质严重的事故。我老老实实地通过无线电向他呼叫并报告了这次严重的事故。当我回到营地的时候，.他正在入口处等我。他把手枪递给我，说："是村里的小孩捡到的。"我一阵寒战。"他们打了一发子弹。我们听见了，就赶到那里，以免他们继续射击伤到什么人。天啊，孩子，别再发生这样的事了。"

他吓死我了。但当我查看手枪时，发现里面的子弹并没有少。实际上，它从来就没有丢失。有人在我床铺附近捡到了它，它是在我跑出去的时候从枪套里滑落的。米勒想到了这么一种方法，好给一个有前途的年轻中尉一个教训，让他永远铭记在心。

作为一个年轻的黑人士兵，我总是用部队中少数高级黑人军官和历史上自觉为国奉献、不求回报的黑人士兵的事迹来激励自己。站在他们的肩膀上实现更高的追求是我的使命。让别人去操心种族问题吧，我可不想陷在这里。①我是一名拥有黑肤色的美国战士，而不是一个美国的黑人战士。

一路上我也遇到过很多跟我过不去的人，也有很多人怀疑我的能力和潜力。从他们那里我学会了接受他们，也学会了调整自己，努力向前进。

随着不断成长和进步，我在生活中接触到了更多位高权重的人。他们注意到了我的价值所在，经常指出我的缺点和问题，给我以指导。他们都影响了我。我无法一一列出他们的名字，否则这本书就会太过冗长了。

我在这里还想谈谈早年生活对一个人的影响，因为早年是塑造一个人的关键时期。我经常告诉别人，这种影响从一个婴儿听到并辨认出他母亲

---

① 当时黑人在美国受到严重歧视，甚至有的地区不断出现黑人为争取权利而起的武力暴动事件。面对这种境况，鲍威尔在他的自传《我的美国之路》中说："种族主义对我来说还是一个比较新的问题，我不得不在心理上寻找一条应对之路。我开始给自己排列轻重缓急。我的目标首先是在我的军人生涯中取得成功。不论遇到什么样的挑衅，我不能让自己毁于愤怒之火。既然南方人坚持荒谬的生活准则，我就权且充当他们分派给我的角色。如果我被限制在球场的一端，我就在球场这一端成为明星。不论在军营之外遇上什么事，不论尊严受到多大伤害，不论遭到何等不公正的待遇，都不能阻碍我的努力。我不能因为不让我打全场而使自己在感情上变残废。我不认为自己低人一等，我也不会让任何人使我相信我低人一等。我不会让别人对我的看法成为我对自己的看法。种族主义不单是黑人的问题，它是美国的问题。在美国解决这一问题之前，我不会让别人的傲慢把我变成一个牺牲品，相反，我要做一个完全的人。"

的声音的时候就开始了。那个声音用的是这个婴儿即将学习的语言，而发出声音的母亲是将要和这个孩子建立起强大情感纽带的人。也正是这个养育他的人将在他心中深深植入最根本的知识、性格、价值观、幸福感和善良的情怀。在人成长的早期阶段，母亲是孩子所知道的最重要的人。如果没有她，或者没有担当这样角色的人，那么迎接这个孩子的将是更为艰难的人生之路。

很有可能我从失败和我的反对者中学到的东西与我从我的支持者那里学到的一样多，失败是成功之母。

我回忆起了几年前，我在日本一所非常好的精英中学的一次演讲。这些孩子家世都很好，而且大多很聪明。我说完以后，一些事先从光荣榜上挑选出来的孩子依次上来问我问题；这些问题都打印在卡片上，都是由老师仔细审阅过的。

问了两个问题后，我撇开这批学生，转而邀请听众席上的普通学生提问。我特别注意观察排在最后的学生，我曾经就坐在那样的地方。

一个约莫13岁的女孩举了手，我点了她。"你害怕吗？"她问我，"我很害怕，每天都害怕，"她继续说，"我害怕失败。"在日本那样一所精英学校，她在公众面前提出这样一个问题是多么的勇敢！

是的，我告诉她，我每天都在害怕一些事，每天也做错一些事。恐惧和失败永远存在。但我们必须接受它们，把它们看作生活中的一部分，并学着去应对这些事实。害怕不要紧，但是要继续前进。恐惧是短暂的，都会过去。如果你跌倒了，那就爬起来，然后继续向前走。

房间里异常安静。这是每一个坐在下面的学生都有的问题，但他们连说出来的勇气都没有。

不像成功，失败往往都是一个人的事情。我联想到迈克尔·菲尔普斯，他在2008年北京奥运会中创下了夺取8枚金牌的纪录。他的体能和在孤独的赛道上表现出来的决心谱写了一段传奇。然而，他总是感念他的父母、教练、陪练、队友，以及其他帮助他克服注意力缺乏症和其他许多障碍的人。

当成功来临时，别忘记这不仅是你个人的成绩，这背后还有大家的努力。

11. 热狗外交

我最喜欢做的事情之一就是在一个美丽的春天或秋天下午，沿着家乡纽约的派克大街或第五大道散步。我喜欢抬头欣赏古典建筑和教堂，喜欢透过窗户眺望那些高档商店。哪怕只是看着人们走过也能触动我的心弦。整个世界就这样展现在你面前，并一再向你证明我们是一个多民族多种族的国家。

看到各种各样的人，我想起了一位日本亿万富翁的故事。一个日本电视台的记者问他，他到过的世界各地的城市中，最喜欢的是哪一个。"纽约。"他脱口而出。

"为什么是纽约呢？"记者问他，"为什么不是罗马、巴黎或是伦敦？"

"因为，"他说，"纽约是唯一一个我走在路上会有人过来向我问路的城市。"

确实，全世界的人都汇集在那里，在美国还有其他一些城市也是这样。

当我散步的时候，我总是喜欢在有多条街道交会的路口停留，那里总是会有某个移民美国人在卖萨巴内特热狗。我喜欢那些热狗，纽约人亲切地称它们为"脏水狗"，因为它们被放在一锅快要开的水里。

我总是会吃上一根，抹上芥末和那种只有纽约才有的红色洋葱料。它让我回到了年轻时代，那时它们只卖10美分一根。

当我成为国务卿之后，我仍然会挤出时间去买这种热狗吃。我会脱下正装，溜出华尔道夫酒店，沿着派克大街向北走或者直接走上第五大道。在那些日子里，我被保镖包围着，而且总有两辆纽约市警车在旁跟着，以防我走路的时候遭到袭击。

我会和我的随同人员一起走到最北端的热狗摊去买热狗。那个可怜的摊主被众人的目光和一大堆警察、保镖吓到了，他立刻停下手上的活儿，也不再为我做热狗了，一边摆手一边喊着："别，别，我有绿卡，有绿卡的！"我告诉他没事的，那些人是为我而来，不是冲着他来的。

我现在仍在走路的时候吃热狗，但不会有保镖和警车跟着了，和他们一起消失的还有华尔道夫的行头。刚刚离开国务院，我就去第五大道一个热狗摊享用我的美食。摆摊的人做好后，正准备递给我时，他脸上突然闪过一丝似曾相识的表情，然后他使劲儿地回忆着我的名字。"我认识你，"他说，"我在电视上看见过你。"然后，当他把热狗递给我的时候，忽然记起来了："啊，是的，当然，你是鲍威尔国务卿。"我递给他钱，但他拒绝了："不，先生，不，你不欠我任何东西。已经有人为你付钱了，美国为您付了。我不会忘记我来自哪里，但是现在我来到了这里，我就是一个美国人。我获得了新生，还有我的孩子们。谢谢您，请您笑纳这根热狗。"

我向他表示感谢，继续沿着大街向北走。回想起刚才的一幕，我觉得一阵暖流涌上心头，多好的一个国家！她依然是90年前那个向我初来乍到的移民父母敞开怀抱的美国。我们一定不能忘记这个国家过往的精神，当然，它也是现在和将来这个国家的精神。

说到热狗，还有一件有意思的事情。2009年，我支持迈克·彭博参选纽约市市长，这也是他第三次连任。他的工作人员想寻找合适的照片展示我对迈克·彭博的支持。他们觉得应该拍一张我们两个人在宾馆亲切交谈的照片，而我建议拍我们一起在街角买热狗的照片会更有纽约特色，也更能展现纽约市长谦逊、亲民的态度。他们一致赞成我的观点，于是我们决定拍张这样的照片。

那天早上天气很冷，但是当我去街角跟迈克见面的时候我没有穿外套，他穿着大衣。照相机快门"咔咔"地响着，记者和工作人员簇拥着我们走到热狗摊前，我点了两根热狗。没等我说完，迈克对卖热狗的说："我的面包要烤一下。"哦，好家伙，这可不像是一个亲民者的要求。

无论如何，这张照片效果不错。它被登在第二天《纽约时报》的头版头条上。

我对热狗的钟爱还被我带到了最高级别的外交活动中。

2002年4月，时任中华人民共和国副主席的胡锦涛先生访问华盛顿。在访问中，他言谈很谨慎，说话始终本着中国政府的立场。所以我们说，美中双方频繁交换了意见。

一天晚上，在国务院举办的晚宴上，我负责招待这位副主席。这时，除了政治上的交谈，我也想跟他随便聊聊其他的。胡先生是刚刚结束对纽约的访问后来华盛顿的，我就询问了他在纽约访问的情况。他说，在纽约只是参加了联合国的几个正式会议而已，并无其他活动。

我跟他说，他只是访问了纽约，但没有好好地到处转转，下次他去，我当他的向导。我们要缩短正式会谈的时间，要带着夫人去看百老汇表演，逛逛第42大街，去看看纽约的社区，包括唐人街。

最重要的是，我告诉他，我要在街角那个移民美国人摆的热狗摊上请他吃根热狗。翻译为胡先生翻译完之后，他先是愣了一下，但是当他明白了我的意思后一下笑了起来。他向我表示感谢，并说他很期盼能有这样的机会。

2002年10月，胡先生成为中华人民共和国主席。其间我又见过他几次，包括我退休后在华盛顿参加的一次正式晚宴。他总是能够在人群中发现我，并让他的助手护请我到他的身边。我们握握手并且简单地相互拥抱。他总是带着明朗的笑容，开口就用美式英语对我说："我们什么时候去吃热狗？"

"热狗外交"可能不那么惊天动地，但是它让两个人建立起了一种人与人之间的亲切友谊，而且这种情感能帮助我们维持一种政治上的联系，无论双边关系是好是坏。

还有，大家要记得，我们国家对中国的开放就是以一场乒乓球比赛开始的，而我擅长以热狗为纽带。

12. 出发献礼

我在担任参谋长联席会议主席的时候，总会遇到一些外国高级军事领导人。在最初见面的时候，不出意外，他们总会提这样一个问题："您什么时候从西点军校毕业的？"很明显，他们认为西点军校是唯一能出军事人才的地方。

"我没上过西点军校，"我回答说，"我毕业的学校也很不错。"

"那您上的是要塞军事学院、维吉尼亚军校还是得州农工大学呢？"接下来他们就会这样问，他们提到的都是以培养军事人才闻名的学校。

"不是，"我回答说，"我读书的时候，黑人是不允许进入这类学校学习的。"

接下来他们通常都会干咳几声，掩饰尴尬，然后会接着问："那么您究竟是在哪儿上的学？"

回答是位于哈莱姆的纽约市立学院，一个离我家不远的地方。我奉命加入纽约市立学院的预备役军官训练营，成为那里的第一批毕业生，直到后来成了美国最年轻的、第一位黑人参谋长联席会议主席。

这些领导人立刻对此感到好奇，因为他们从没听说过纽约市立学院。

"这是一个很伟大的学校，"我告诉他们，"因为它向所有人开放。"接着，我就会告诉他们，纽约市立学院成立于1847年，后来被人称为"自由学院"。它是美国第一个全开放式免费学院，在当时的确是大胆的创新。正如它的校长——西点军校毕业的霍勒斯·韦伯斯特在1849年校园开放日说的那样：

"我们一定要尝试，看看全体人民的孩子、全世界人民的孩子能否都接受教育；看看能否让最高等的学府也服务于最广大的人民，而不是只为少数特权阶层服务。"

如今，尝试成功了。纽约市立学院成了一流的学院。由于它免费入学，并接受移民与低收入家庭的学生，所以被誉为"穷人的哈佛"。

我于1954年2月被招入纽约市立学院，我也不知道我是如何能入学的，我完全不是什么文化尖子生，我的高中成绩完全低于入学水平。难道我受到了优待？我不知道。

再早些在我只有十四五岁、在考虑要读哪所高中的时候，与大多数纽约的孩子一样，我梦想进入布朗克斯科学高中，那是纽约最出名的高中，它培养了比法国一国还多的诺贝尔奖获得者。但我没能如愿。

40年后，我无意中发现了我的初中指导老师给我写的几乎是毁灭性的评价："鲍威尔想去读布朗克斯科学高中，但我们建议他还是换一个意愿。"

最后我去了能让我入学的摩里斯高中。在那里，我不是一个差生，但也谈不上优秀，不过我最终从那里毕业，进入了纽约市立学院。

在纽约市立学院，开始我选的是工程学专业，但是很快我就放弃了。后来，我喜欢上了地质学，接着又被选入预备役军官训练营。然后，我就迷上了那里，迷上了军队。

四年半的大学生活我交出的是零学费和平庸的文化成绩，但纽约市立学院在计算我的平均成绩时极为慷慨地算上了我在预备役军官训练营得到的A，这样就使得我的平均成绩稍稍高过了2.0的分数线，让我能够从大学毕业。这样在我大学老师们的帮助下，我终于顺利地参军入伍了。

大约60年后，我被称为纽约市立学院最伟大的毕业生之一，我几乎得到了纽约市立学院颁发的各种表彰；学院里有一个机构以我命名——科林·卢瑟·鲍威尔领导与服务中心，我是中心的创始人之一以及荣誉客座教授。学院里大多数曾教过我的教授对这些都感到有点儿懵，觉得难以置信。

我们纽约市的人认为，像我这样的孩子就应该出人头地。纽约人愿意花钱纳税，培养"全世界人民的孩子"，培养像我这样父母是移民的穷孩子，培养因为族裔的原因在其他地方不能入学的犹太人的孩子，培养因为有了工作只能去读夜校的年轻人（在夜校里他们通常需要耗上7年才能毕业），培养每天早上通过乘地铁或公交往返学校的孩子。我在纽约市立学院接受的教育是教会那些疲惫的人、贫困者以及芸芸众生如何自由呼吸，并融入美国社会与经济生活。教育过去是，现在也仍然是通往成功的"金色大门"。

尽管我只是侥幸得到了文凭，但我接受了完美的社会文化教育。正因为如此，这些年来我才能与西点军校、要塞军事学院、维吉尼亚军校或得州农工大学的毕业生有同样出色的表现，才能与来自世界各大著名学府的毕业生一样表现出色。

2005年1月，我离开国务院，又有了拜访纽约市立学院的机会，我顺便去看了看建成8年的鲍威尔中心办得如何。我坐在校长会议室，倾听数十位鲍威尔中心的学习者谈论他们自己，谈论他们的学习内容以及将来的打算。他们大多数都是移民，大多数是他们家族中第一个进入大学的人，大多数都来自低收入家庭。大部分人都工作过。他们眼睛明亮，显得十分激动，并且渴望表现优秀。他们有着远大的抱负、希望和梦想，他们会努力得到成功。他们的语言深深打动了我。他们比55年前的我还要优秀。纽约市立学院仍然是哈莱姆地区的哈佛，致力于培养新一代的公立学校优秀人才。我告诉他们，我很骄傲是那样一所学校造就了我，我希望能花更多的时间在鲍威尔中心的发展上。

在拜访结束后的几年里，我们不断实施新的计划，并把重心放在培养未来领导者的领导能力以及社会服务技能上，这样，学生就能把理论运用到实际中去帮助别人。我们把中心原来的名字"政治研究中心"改成了"领导与服务中心"。以前坐落在角落里、只有两间房的中心办公室已经远远不能满足中心的快速发展。我希望在不久的将来，鲍威尔中心的建筑能更高。它不仅仅是中心的建筑，也成了整个校园的中心以及哈莱姆地区市民的聚集地。

我很自豪中心以我的名字命名，同样对一些七年制中小学能以我的名字命名也备感自豪。我与位于弗吉尼亚市郊教区的教众合伙资助兴建了华盛顿的一所学校，这比我所接受的任何奖章都更具意义。同样，作为我支持青少年发展的一部分，我还为霍华德大学和黑人大学联合基金会的管理委员会服务，并且是美国男孩女孩俱乐部的理事。

经常有人问我，为什么把青少年活动与教育放在这么重要的位置，我的回答很简单：我希望每一个孩子都能与我当初一样获得机会。西点军校不是我命中注定会上的学校，它为我需要奋斗的方向提供了标准，而摩里斯高中与纽约市立学院提供给我达到这些标准的方法。

我从自身受教育的过程中，认识到了一个简单而明显的道理：我们必须让美国所有的孩子都能接受教育，都能有我那样接受教育的机会。我们必须把公共教育放在国民生活的首位与中心。

普及教育成了我们全家人的伟大使命。1997年，在克林顿总统和其他几位在世的前任总统的要求下，我成立了美国承诺联盟，以动员全国人民为我们的孩子提供基本的技能并支持他们在学校里或生活中走向成功。我妻子阿尔玛是联盟主席，儿子迈克是联盟董事。

美国承诺联盟主要提出了我们必须做到并且传达给孩子们的5个基本承诺。我们承诺，要做有责任心并关爱孩子的父母，要在孩子们的生活中引导他们走正确的道路；当家庭不能给予帮助的时候，我们会担当孩子生活的导师。我们承诺，要给予孩子们安全的场所供他们成长与学习，保护他们不受社会阴暗面的影响。我们承诺，尽可能保障每个孩子的健康并始终提供医疗保健措施。我们承诺，让每个孩子接受满足市场需要的职业技能培训。最后，我们承诺提供他们帮助别人的机会，这样他们就能抱着服务社会的意识健康成长。我们与学校、非盈利性青少年组织、政府和工商界形成了强有力的联盟，以保障全国青少年都能正常毕业、无人辍学。为了我们的孩子，为了我们深爱的国家，为了我们崇高的理想，我们必须做到这些。

我很乐意向青少年讲述自己受教育过程中的艰难困苦。我认为，不要在意你从哪里起步，一定要看到你会在哪里止步。要相信自己，努力工作，努力学习，要成为自己的楷模，相信一切皆有可能，并且总是做到最好。记住，你的过去并不能决定你的未来。

1993年，我从部队退役后不久，就去了佛罗里达西棕榈滩克拉维斯中心，给一批民营机构领导人做演讲，目的是给棕榈滩镇的男孩女孩俱乐部筹集资金。在这之前，我参观了同样位于西棕榈滩的德尔雷海滩的男孩女孩俱乐部。这个城市大多数人并不富裕，工人们都在为富人打工。在我面前坐着百来个孩子，年龄从10岁到18岁不等。我跟他们谈到我在哈莱姆与布朗克斯的成长以及我在家庭和学校的经历。我学着像霍雷肖·阿尔杰[①]那样跟他们讲话。演讲结束后是提问的时间，小一些的孩子

---

① 霍雷肖·阿尔杰（1832—1899）：美国作家，其作品大多讲述穷孩子如何凭借勤奋和诚实获得成功的故事，代表了美国人的美国梦。

提的都是些孩子气的问题，比如你多重，你是不是用枪杀过人，以及你最喜欢的颜色是什么。而青少年则问到了我的志向以及对总统和副总统的看法。接着，一个10岁的孩子举手发问："我想知道如果您的父母不关心您是活着还是死了，您觉得您能取得今天的成就吗？"他这是在说他自己的问题。我应声回答说"不知道"，但想了几秒钟之后，我说："如果你的父母没有帮到你，那并不代表你就找不到答案了。答案在男孩女孩俱乐部中，在教堂里，也在你的学校里。你每天都到俱乐部来，俱乐部的人会乐意帮助你，教育你并保证你玩儿得开心。只要你能像他们相信你一样相信自己，你就能实现自己的目标。我并不是说实现目标很简单，但是那就是答案，它需要你自己去发现。"我不知道我是否说服了他，但是我知道我必须尽一切可能帮助他，帮助那些跟他一样的孩子。

你可以在身后为自己留下美名，但我们身后能留下来的真正具有重要价值的唯一的东西就是下一代，是我们的孩子，我们所有的孩子。让我们一起努力，为他们的美好生活、为他们的出发献礼。

鲍威尔的秘诀

· 所谓"鲍威尔兵法",就是要运用一切必要的手段获得决定性的胜利。

· 我领导艺术的一条基本原则:一个哨兵的责任就是"对自己的岗位和视线内所有的政府财产负责"。换句话说,就是"一旦拥有了权力,就要负起这个责任"。

· 任何一个倾向于接受"陶瓷仓法则"的领导人,在最开始都应该尽量避免打破陶瓷器皿。但假如你真的打破了它,或者你准备打破它,又或者你实在无法避免打破了它,那你就要考虑付出代价,并为可能出现的一切问题做好准备。

· 从失败中学习,分析你为什么会失败;如果你有责任,那就要勇于承担;尽管别人可能比你有更大的责任,但不要把这当作你逃避责任的借口。

· 永远记住名声是公众给予的;要将这种名声带来的影响力用于有价值的目标上,而不要自我膨胀。换句话说,走正途,不要因地位权力迷失心志。

· 无论你所经历的最大的成功和最惨痛的失败对你的人生有多大影响,那些都还不足以造就现在的你。我们每个人的人生都是由我们个人的

经历和与他人的交往交织而成的，套句数学上的说法，人生就是以个人经历
和与他人的交往为坐标的函数。

· 不像成功，失败往往都是一个人的事情。

· 当成功来临时，别忘记这不仅是你个人的成绩，这背后还有大家的努力。

· 不要在意你从哪里起步，一定要看到你会在哪里止步。要相信自己，努力工
作，努力学习，要成为自己的楷模，相信一切皆有可能，并且总是做到最
好。记住，你的过去并不能决定你的未来。

· 你可以在身后为自己留下美名，但我们身后能留下来的真正具有重要价值的
唯一的东西就是下一代，是我们的孩子，我们所有的孩子。

后记

　　两年前，我就开始随手记下深埋在我记忆里的那些故事、逸闻和心得体会，记录下我的情感体验。那其中没有沉重的往事，没有艰深的道理，也没有对天下大事和国策纲领的深刻思考，它们大多是我觉得可以用在演讲和其他一些公共场合的心情故事。以前里根总统总喜欢准备一大堆的笑话，这些从我记忆里翻出来的东西与之有点儿类似。

　　我常常是笑着录下这些故事和经历。一天晚上，我和妻子阿尔玛去地方上一家购物中心的电影院看电影。回头取车的时候，停在边上一辆车的女车主看着我们走近，说：“噢，我认得你，你是谁来着？……”她记不起我的名字了。我只好站在那里，等着她从记忆里翻找。阿尔玛上了车，我又等了足足一分钟才对她说：“我是科林·鲍威尔。”她看着我，一脸茫然地说：“不对，你不是他。”然后她就上车走了。经常有人认出我，觉得我应该是某个有知名度的人，但他们经常把我认作其他人。也就是前几天，一个德国游客在亚特兰大机场指着我对他妻子说：“瞧见没，那是施瓦茨科普夫将军。”闹出这些误会的时候，阿尔玛不会让我立马告诉别人，我其实是美国影星丹泽尔·华盛顿……除非我们能知道我们到底被当作了什么人。

　　随着时间的流逝，故事越积越多，我开始想，这些故事是否够出一本书了。这些故事大多和我的回忆录《我的美国之路》①的前半部分记载的故

---

① 《我的美国之路》：作者自传，1995年出版，中文版为昆仑出版社1996年12月出版。

事一样，记录着我的成长经历，讲述我如何从成功和失败中汲取经验教训并最终成为一名美军军官。人们对于这些故事的印象远比对《我的美国之路》的后半部分所回忆的20世纪八九十年代发生的大事件来得深刻，尽管那些年里发生的诸如冷战结束、"沙漠风暴行动"、美国军队的变革、德国统一以及其他许多重大事件的影响都更为深远。直到那本回忆录出版17年后的今天，仍有人问到关于我个人的那些事，以及关于普通百姓的那些事，关注大事件的人倒是少了。于是我将我个人和普通百姓的那些事稍做整理，写进了这本书。

终于有一天，这些随手记下的故事已经积成了厚厚的一沓，我就把它们拿出来给一些密友和值得信赖的伙计们看，他们的反应让人振奋。"这些故事读起来非常有趣，"他们对我说，"也是你对生活和领导艺术的感悟。其他人读到这些故事或许也会有收获，你何不把它们出版成书呢？"

在这本由零星故事组成的书里，绝大多数章节写的是我生活中遇到的那些人：家人、朋友、同事、上司、下属、对手，甚至还有那么一两个敌人。他们有的富有，有的贫穷；有的位高权重，有的是平民百姓。

我从这些生活中遇到的大多数人那里获得感悟，也尽可能地在生活中激励我的下属。生活和领导的艺术不只是属于我个人的，也是属于大家的，属于人民的。记得20世纪70年代初，我在华盛顿某办公室参加过一个小型的升职仪式。现在已经记不清是庆祝谁升职和在哪个办公室举行的仪式了，但是我确定美国核舰队的创始人海军上将海曼·G. 李高佛到了现场并做了发言。李高佛作为领导人态度强硬，对人要求严格，对国会有着巨大的影响力。

升职仪式结束后，大家让李高佛讲几句话，他接下来的讲话我至今记忆犹新。他说："光有机构无法完成任务，光有计划和大纲也无法完成任务，真正能完成任务的是人。机构、计划和大纲的好坏只能促进或阻碍人们完成任务的进程。"

李高佛话中的智慧对我的人生产生了深远的影响。

　　1972年，我进入白宫工作，从此我就跟白宫的工作人员结下了不解之缘。每年在白宫的新人入职仪式上，我都要给他们讲话，都要向他们强调这一点：再好的想法也不可能因自身的优势自动得以实施，好的想法要成功付诸实施必须要有拥护者，要有人相信这些想法，努力推广，奋力争取，并赢得更多的追随者和拥护者，不断施加影响，直到取得成功。接下来我还会向他们讲述一个相关的道理：再糟糕的事物也不可能因自身的问题自动消失，需要有人站出来与之斗争，甘冒风险，指出问题，直击要害。

　　生活意味着要经历各种各样的事情，生活带给我们无数的挑战，我们要么战胜挑战，要么被打败，人生意味着无数的成功与失败。但生活的意义其实超越事物本身，也超越成败，生活的意义系于我们感染着的和让我们受到感染的人。一切归于人民，我希望翻开这本书的每一页你们都能清楚地感受到这一点。

　　正是我在生活中遇到的那些人成就了现在的我。

致谢

结婚50年来，我一直感谢我的妻子阿尔玛，我要感谢她在这本书后面给予我的支持和理解。当我在家里伏案劳作，直接把家中的办公室变成"战壕"的时候，她默不作声然而坚定不移的支持显得尤为珍贵。没有她以及儿子迈克、女儿琳达和安妮玛丽对我的爱和激励，此书将无法付梓。

有了我的代理商马文·约瑟夫森辛勤耕耘并与哈珀·柯林斯公司通力合作，这本书才得以出版。马文也是《我的美国之路》的代理商，我的那本回忆录出版快有20年了。从那时到出版本书，马文待我一如挚友和知己。他做的东西最棒了！

著名作家托尼·科尔茨是本书的合作者，是我的得力伙伴，少了他的通力合作，这本书就有可能词不达意、思路模糊。我对他为本书所做出的努力和奉献表示衷心的感谢。在我决定与托尼合作的时候，没想到还会得到他的妻子托妮·伯班克的支持。作为一位享有很高声誉的著名编辑，托妮在我和她先生意见出现分歧时起到了重要的调解作用。她经常支持托尼的决定，而且事实通常证明他们俩的决定才是正确的；我偶尔反驳他们的决定，不过是要证明将军才握有指挥权，或是以为将军才握有指挥权。

自我当初进入国务院任职以来，这20年里佩吉·西弗里诺和莱丝莉·劳滕斯拉格一直是我最得力的两位助手。佩吉负责我的办公事务以及日常生活；莱丝莉在华盛顿演讲署任职，主要负责我的事务。她办事麻利、待人谦逊，帮助我到世界各地演讲。这些年来，我们一直合作愉快。

从一开始创作这本书，她们俩就一直为我出谋划策、提建议、做评论并给予指点。我这本书从她们的工作中汲取了大量的灵感，她们是智慧的源泉。

我还要感谢莱丝莉的兄长埃德温·劳滕斯拉格，是他对本书的初稿进行了编辑整理，才使得我可以拿出像样的作品。埃德温做了大量的起步工作，而对全书做终审的是他和莱丝莉的母亲玛格丽特，劳滕斯拉格夫人以严师批阅学生试卷的审慎目光完成了最后的审读。

苏珊·莱姆基和她手下的工作人员在国防大学里井井有条地管理着我的档案资料，一有要求，他们分分钟就能找出那些印象模糊的资料和年代久远的照片，给我提供了莫大的帮助。

在完善书稿的过程中，我得到了一大堆朋友的指正。给予指正最多的自然还是我以前的搭档约瑟夫·E. 佩西科，他是我的自传《我的美国之路》的合作者。每当佩西科对我和托尼的手稿表示首肯的时候，我就觉得可以放心了。

对于哈珀·柯林斯公司的优秀出版团队，我感激不尽。他们在第一时间发现了本书的价值，并为本书的付梓与宣传倾注了大量心血，最终使其进入了公众的视线。对于他们付出的努力，我深表谢意。在此，我要特别感谢本书的编辑蒂姆·达甘，他审慎严谨的态度、启人心智的建议，使我受益匪浅。他对本书的最大贡献在于：他对我尝试去做的事情了然于心，并协助我将梦想变成了现实。我要衷心感谢哈珀·柯林斯公司的全体成员，包括总裁布莱恩·莫瑞，社长乔纳森·博哈姆，副社长凯瑟·斯内德，宣传总监蒂娜·安德里迪斯，公关人波斯·哈勃，助理编辑艾米丽·肯宁海姆，以及所有为他们工作的员工。

玛莉贝尔·巴捷，我最亲密的朋友与同僚之一，为我提供了极好的建议。蒂娜·布朗与哈利·埃文斯打一开始就给予了我鼓励和敏锐的洞察力，这些都使我感激不尽。葛兰特·格林与布鲁斯·莫里森对"及时更新大脑的软件"这个章节的撰写有很大的帮助。拉里·威尔克森在我撰写"我在联合国的演讲"这个章节的时候一直在协助我。

同时我也从其他许多人身上受益良多，尤其是我在军队服役时的战友们为这本书提供了诸多的灵感，我无法一一列出那么多的人，在此一并答谢。

科林·鲍威尔

中文版附 鲍威尔升迁路线图

出生　1937年出生于纽约黑人贫民区。

16岁　1953年因负担不起私立大学学费，选上纽约市立学院。

17岁　1954年进入学校的预备役军官训练营，确定人生的奋斗目标——做一名优秀的军人。

18岁　1955年进入预备役军官训练团高级班，表现出色，先后担任队长、营长、团长和会长。

21岁　1958年毕业后正式入伍，军衔少尉，赴西德，任步兵排长，后升至中尉，1959年升为连副，1960年任连长。

24岁　1961年任营级副官。1961年服役期满。

25岁　1962年夏，赴越南参战，1963年回国，1968年二次赴越，1969年回国。

34岁　1971年在华盛顿大学进修工商管理硕士，毕业后被分配到国防部美国陆军任第一参谋长办公室研究分析员（专责中东和波斯湾战略事务）。

35岁　1972年获美国总统尼克松赏识，任白宫行政管理及副局长助理。

36岁　1973年任驻韩国美军大队司令。

37岁　1974年在陆军军事学院深造。

39岁　1976年任第101空降师第2旅旅长兼美驻德国陆军第5团团长。

41岁　1978年任白宫办公室主任特别军事助理，军衔准将。

42岁　1979年出任美国副国防部长高级助理（1979—1982）。

46岁　1983年出任美国国防部长温伯格的高级军事助理（1983—1986）。

49岁　1986年出任里根总统的国家安全副助理及助理（1986—1987）。

50岁　1987年出任里根总统国家安全顾问（1987—1989年初）。

52岁　1989年被老布什总统委任为参谋长联席会议主席（1989年10月—1993），晋升为四星上将。

53岁　1990年指挥海湾战争。获美国最高荣誉奖——金质勋章。

54岁　1991年担任总统克林顿的国家安全顾问；负责策划波斯湾战争——"沙漠风暴行动"。

54岁　1993年退伍，退役。专注写回忆录。

64岁　2001年小布什总统邀其出山，担任国务卿（2001—2004）。